KB022334

독자의 1초를 아껴주는 정성!

세상이 아무리 바쁘게 돌아가더라도
책까지 아무렇게나 빨리 만들 수는 없습니다.
인스턴트 식품 같은 책보다는
오래 익힌 술이나 장맛이 밴 책을 만들고 싶습니다.

길벗이지톡은 독자여러분이
우리를 믿는다고 할 때 가장 행복합니다.
나를 아껴주는 어학도서,
길벗이지톡의 책을 만나보십시오.

독자의 1초를 아껴주는

정성을 만나보십시오.

미리 책을 읽고 따라해본 2만 베타테스터 여러분과
무따기 체험단, 길벗스쿨 엄마 2% 기획단,
시나공 평가단, 토익 배틀, 대학생 기자단까지!
믿을 수 있는 책을 함께 만들어주신 독자 여러분께 감사드립니다.

홈페이지의 '독자마당'에 오시면
책을 함께 만들 수 있습니다.

(주)도서출판 길벗 www.gilbut.co.kr
길벗 스쿨 www.gilbutschool.co.kr

mp3 파일 다운로드 무작정 따라하기

길벗 홈페이지 (www.gilbut.co.kr) 회원 (무료 가입) 이 되면 오디오 파일 및 관련 자료를 다양하게 이용할 수 있습니다.

1단계	로그인 후 [▼] [ ] 검색 에 찾고자 하는 책이름을 입력하세요.
2단계	검색한 도서로 이동하여 〈자료실〉 탭을 클릭하세요.
3단계	mp3 및 다양한 서비스를 받으세요.

영알남의
영어의 진실
영어회화

영알남의 영어의 진실 – 영어회화

Common Mistakes In English Conversation

초판 발행 · 2020년 11월 15일

지은이 · 양승준(영알남), 정유나
발행인 · 이종원
발행처 · (주)도서출판 길벗
브랜드 · 길벗이지톡
출판사 등록일 · 1990년 12월 24일
주소 · 서울시 마포구 월드컵로 10길 56(서교동)
대표 전화 · 02)332-0931 | **팩스** · 02)323-0586
홈페이지 · www.gilbut.co.kr | **이메일** · eztok@gilbut.co.kr

기획 및 책임 편집 · 신혜원(madonna@gilbut.co.kr) | **디자인** · 황애라
제작 · 이준호, 손일순, 이진혁 | **영업마케팅** · 김학흥, 장봉석 | **웹마케팅** · 이수미, 최소영
영업관리 · 김명자, 심선숙 | **독자지원** · 송혜란, 홍혜진

편집진행 · 오수민 | **원고감수** · Mark Holden | **표지 일러스트** · 이지섭 | **본문 일러스트** · 김서안
전산편집 · 연디자인 | **CTP 출력 및 인쇄** · 북토리 | **제본** · 신정문화사

ISBN 979-11-6521-311-4 03740 (길벗 도서번호 301037)

정가 14,000원

영어회화, 실수에서 배워라!

영알남의 영어의 진실

영어회화

'영알남' 양승준 지음

머리말

실수에서 배우는 자가 일류다!

소위 '영어 울렁증'이라 불리는 영어 공포증은, 실수하고 틀릴지도 모른다는 걱정에서 비롯됩니다. 영어 공포증이 우리를 지배하기 시작하면, 자연스럽게 영어에 대한 자신감을 잃어버리죠. 실수하지 않기 위해 매번 똑같은 표현만 반복하고, 아예 영어로 말하기를 회피하기도 합니다. 그러면서 영어회화 실력은 정체기에 빠지게 됩니다. 이를 '언어의 화석화(fossilization)'라고 부릅니다. 실력이 더 이상 늘지 않고 그 상태 그대로 굳어버리는 현상이죠. 이 모든 것은 '다른 사람들 앞에서 실수할지도 모른다'는 걱정에서 시작됩니다.

영어 실수에는 패턴이 있다!

영어를 배우는 과정에서 모든 영어 학습자들이 실수를 합니다. 저 역시 영어를 처음 배울 때 엄청나게 틀리고 실수했고, 지금도 여전히 실수를 합니다. 영어가 모국어가 아니기 때문에 너무나 당연하고 자연스러운 현상이에요. 흥미롭게도, 영어 학습자들은 대개 비슷한 실수를 합니다. 단순한 문법 실수부터, 문화적 차이에서 생기는 실수,

영어식 사고를 이해하지 못해서 비롯된 실수 등 실수에는 공통적인 패턴이 있습니다. 여기서 한 가지 의문이 생겼습니다. **실수에도 패턴이 있다면, 그래서 어떤 실수를 할지 짐작할 수 있다면, 그 속에서 영어를 배울 수 있지 않을까?**

실수하며 배운 영어는 까먹지도 않는다!

이 책은 저의 영어 실수담을 비롯하여 영어 학습자들이 가장 자주 하는 영어 실수를 주제별로 나누어 정리했습니다. 자주 틀리는 표현을 바로 잡고, 왜 이런 실수가 생기는지 영어 표현적인 설명과 문화적인 설명을 덧붙였습니다. 우리가 자주 하는 영어 실수를 통해 영어 표현과 더불어 영미권 문화를 이해할 수 있고, 그로 인해 오히려 영어 공포증을 해소할 수 있죠. 생각해보면 영어 실수를 할 땐 부끄럽긴 하지만, 그 실수를 통해 배운 영어는 뇌리에 깊게 각인되어 잊히지 않거든요.

우리는 실수를 금기시합니다. 그래서 완벽한 영어가 아니면 입을 떼지 않으려고 하죠. 더 이상 영어 실수를 두려워하지 마세요. 실수에 직면하지 않으면, 영어 실력은 지금 이 상태에서 굳어지거나 퇴보할 뿐입니다. 아는 영어만 관성적으로 하는 사람보다는, 틀린 표현이라도 한마디 뱉어보고 그 속에서 깨우치는 사람이 나중에는 훨씬 더 성장합니다. 모두가 영어 실수에서 자유로워져 영어 공포증을 극복할 수 있도록, 저 영알남이 도와드리겠습니다.

영알남 양승준

이 책의 구성

이 책은 총 3개 파트로 나누어 구성했습니다.
〈영알남〉 유튜브 강의 영상, 예문 mp3와 함께 영어회화 표현을 익혀보세요.

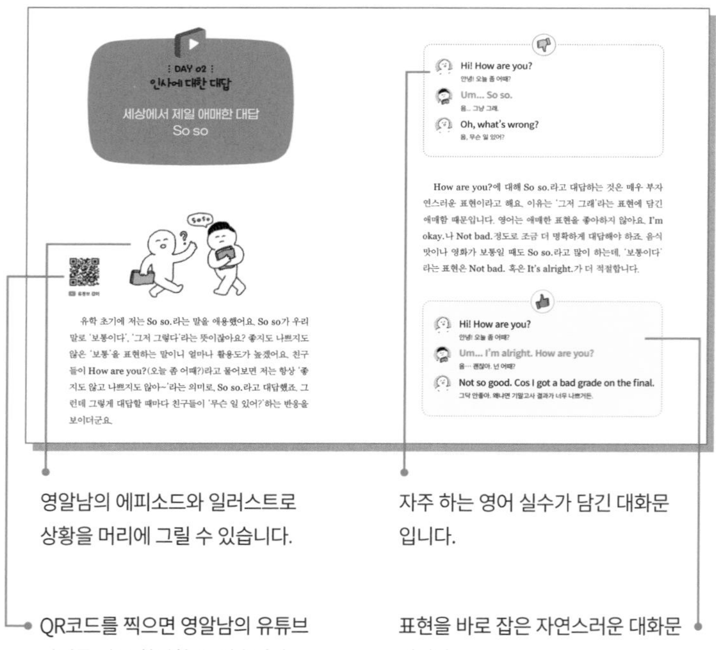

DAY 02
인사에 대한 대답
세상에서 제일 애매한 대답
So so

유학 초기에 저는 So so.라는 말을 애용했어요. So so가 우리말로 '보통이다', '그저 그렇다'라는 뜻이잖아요? 좋지도 나쁘지도 않은 '보통'을 표현하는 말이니 얼마나 활용도가 높겠어요. 친구들이 How are you?(오늘 좀 어때?)라고 물어보면 저는 항상 '좋지도 않고 나쁘지도 않아~'라는 의미로, So so.라고 대답했죠. 그런데 그렇게 대답할 때마다 친구들이 '무슨 일 있어?'하는 반응을 보이더군요.

Hi! How are you?
안녕! 오늘 좀 어때?
Um... So so.
음... 그냥 그래.
Oh, what's wrong?
음, 무슨 일 있어?

How are you?에 대해 So so.라고 대답하는 것은 매우 부자연스러운 표현이라고 해요. 이유는 '그저 그래'라는 표현에 담긴 애매함 때문입니다. 영어는 애매한 표현을 좋아하지 않아요. I'm okay.나 Not bad.정도로 조금 더 명확하게 대답해야 하죠. 음식 맛이나 영화가 보통일 때도 So so.라고 많이 하는데, '보통이다'라는 표현은 Not bad. 혹은 It's alright.가 더 적절합니다.

Hi! How are you?
안녕! 오늘 좀 어때?
Um... I'm alright. How are you?
음… 괜찮아. 넌 어때?
Not so good. Cos I got a bad grade on the final.
그닥 안좋아. 왜냐면 기말고사 결과가 너무 나쁘거든.

영알남의 에피소드와 일러스트로 상황을 머리에 그릴 수 있습니다.

자주 하는 영어 실수가 담긴 대화문입니다.

QR코드를 찍으면 영알남의 유튜브 강의를 바로 확인할 수 있습니다.

표현을 바로 잡은 자연스러운 대화문입니다.

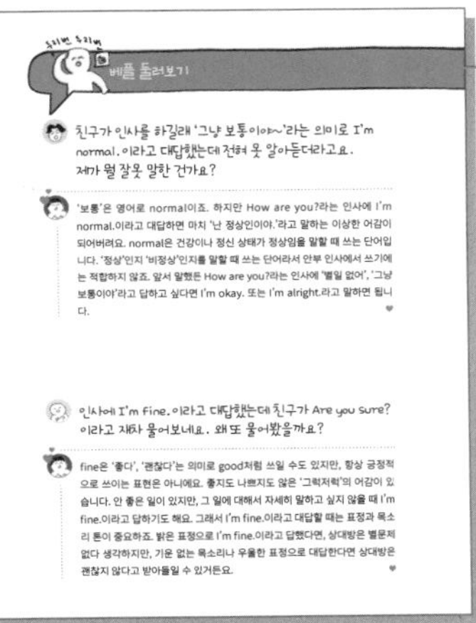

베플 둘러보기

친구가 인사를 하길래 '그냥 보통이야~'라는 의미로 I'm normal.이라고 대답했는데 전혀 못 알아듣더라고요. 제가 뭘 잘못 말한 건가요?

'보통'은 영어로 normal이죠. 하지만 How are you?라는 인사에 I'm normal.이라고 대답하면 마치 '난 정상인이야.'라고 말하는 이상한 어감이 되어버려요. normal은 건강이나 정신 상태가 정상임을 말할 때 쓰는 단어입니다. '정상'인지 '비정상'인지를 말할 때 쓰는 단어라서 안부 인사에서 쓰기에는 적합하지 않죠. 앞서 말했든 How are you?라는 인사에 '별일 없어', '그냥 보통이야'라고 답하고 싶다면 I'm okay. 또는 I'm alright.라고 말하면 됩니다.

인사에 I'm fine.이라고 대답했는데 친구가 Are you sure?이라고 재차 물어보네요. 왜 또 물어봤을까요?

fine은 '좋다', '괜찮다'는 의미로 good처럼 쓰일 수도 있지만, 항상 긍정적으로 쓰이는 표현은 아니에요. 좋지도 나쁘지도 않은 '그럭저럭'의 어감이 있습니다. 안 좋은 일이 있지만, 그 일에 대해서 자세히 말하고 싶지 않을 때 I'm fine.이라고 답하기도 해요. 그래서 I'm fine.이라고 대답할 때는 표정과 목소리 톤이 중요하죠. 밝은 표정으로 I'm fine.이라고 답했다면, 상대방은 별문제 없다 생각하지만, 기운 없는 목소리나 우울한 표정으로 대답한다면 상대방은 괜찮지 않다고 받아들일 수 있거든요.

베플 둘러보기

영어 표현이나 영미권 문화에 대한 궁금증을 댓글 형식의 질문과 대답으로 구성했습니다.

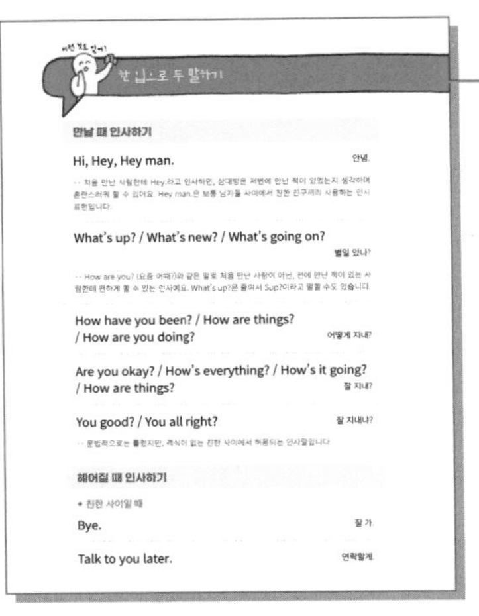

한 입으로 두 말하기

만날 때 인사하기

Hi, Hey, Hey man. 안녕.

·· 처음 만난 사람한테 Hey.라고 인사하면, 상대방은 저번에 만난 적이 있었는지 생각하며 혼란스러워 할 수 있어요. Hey man.은 보통 남자들 사이에서 친한 친구끼리 사용하는 인사 표현입니다.

What's up? / What's new? / What's going on? 별일 있나?

·· How are you? (요즘 어때?)와 같은 말로 처음 만난 사람이 아닌, 전에 만난 적이 있는 사람한테 편하게 할 수 있는 인사예요. What's up?은 줄여서 Sup?이라고 말할 수도 있습니다.

How have you been? / How are things? / How are you doing? 어떻게 지내?

Are you okay? / How's everything? / How's it going? / How are things? 잘 지내?

You good? / You all right? 잘 지내냐?

·· 문법적으로는 틀렸지만, 격식이 없는 친한 사이에서 허용되는 인사말입니다

해어질 때 인사하기

• 친한 사이일 때

Bye. 잘 가.

Talk to you later. 연락할게.

한 입으로 두 말하기

주제와 관련된 영어 표현을 정리해 담았습니다. 예문 mp3를 들으며 따라 해 보세요.

- **동영상 강의** QR코드를 찍으면 영알남의 유튜브 강의를 바로 확인할 수 있습니다. 동영상 강의는 꾸준히 업로드 될 예정이므로 현재는 일부 강의가 제공되지 않을 수도 있습니다.
- **예문 mp3 파일** 이 책의 예문을 mp3 파일로 확인할 수 있습니다. mp3 파일은 길벗 홈페이지(www.gilbut.co.kr)에서 무료로 다운로드 할 수 있습니다.

차례

PART 1  표현을 몰라서 하는 영어 실수

01 인사 | 외국인에게 인사했는데 갑자기 분위기 싸해진 이유 … 12

02 인사에 대한 대답 | 세상에서 제일 애매한 대답 So so … 18

03 성격 | 성격이 좋다고 말했을 뿐인데… … 26

04 연애 | 당신이 절대 이성 친구를 만들 수 없는 이유 … 34

05 요리 | 아무리 유명한 요리사도 김밥은 요리할 수 없다?! … 40

06 술 | 술 취해서 혀가 꼬인 게 아니야 … 46

07 이동 수단 | 비행기를 타고 통학한다고?! … 52

08 약속 | 대체 언제까지 문을 닫는다는 거야? … 58

09 의사 확인 | 정말 괜찮은 거 맞아? … 64

10 병 | 다리는 아플(sick) 수 없다 … 72

11 집 | 네가 사는 그 집 … 78

12 이유 | 궁금해도 이유를 물으면 안 되는 이유 … 84

13 동의, 반대하기 | 맞장구칠 땐 무조건 "Me too" 아닌가? … 90

PART 2  문화를 몰라서 하는 영어 실수

14 일상 대화 | 외국인에게 혈액형을 물어봤더니… … 100

15 회사 | 그가 회식에 초대받지 못하는 이유 … 108

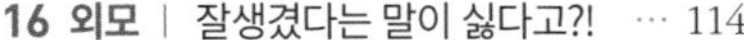

16 **외모** | 잘생겼다는 말이 싫다고?! … 114

17 **취미, 관심사** | 취미가 궁금했을 뿐인데… … 120

18 **차별 언어** | 우리가 무심코 쓰는 차별 언어들 … 126

19 **기분** | 나 오늘 컨디션이 안 좋다니까~ … 132

20 **식사** | 아침에 국밥 먹었다고 하니 기겁한 이유 … 138

21 **연애** | 그녀가 '사랑한다'고 말하지 않는 이유 … 146

22 **대학 생활** | MT를 가자고 했더니 산으로 간다? … 154

23 **음식 문화 1** | 왜 내 닭다리 가져가? … 162

24 **음식 문화 2** | 닭고기를 왜 못 먹지? … 170

25 **유흥** | '취했다'고 말했다가 벌어진 일 … 176

26 **대화, 소통** | 한국인이 외국에서 투머치토커가 되는 이유 … 182

27 **가족** | 친구 부모님의 안부를 물었더니 불편해졌다 … 188

PART 3  여행 가서 자주 하는 영어 실수

28 **화장실** | 한국인들이 외국 화장실에서 가장 많이 하는 실수 … 196

29 **여행** | 제 첫 여행이에요 … 202

30 **식당 이용 – 주문** | 내가 주문한 음식만 나오지 않는 이유 … 210

31 **식당 이용 – 서비스, 결제** | 식전빵이 공짜가 아니라고?! … 218

32 **식당 이용 – 포장, 배달** | 기껏 주문했더니 음식을 버린다니! … 224

33 **카페** | 아이스 아메리카노가 없는 카페 … 230

34 **저비용 여행** | 학생이라면 꼭 챙겨야 할 여행 필수품 … 236

35 **여행** | 콩글리시도 영어다! … 244

PART 1

표현을 몰라서 하는 영어 실수

우리가 하는 영어 실수의 대부분은, 영어 표현을 모르거나, 잘못 알고 있거나, 영어식 사고를 이해하지 못해서 하는 실수들입니다. 이번 파트에서는 표현을 몰라서 하는 영어 실수를 짚어봅니다.

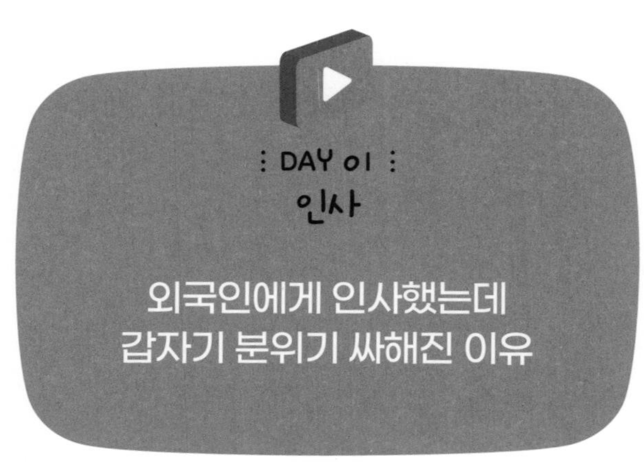

DAY 01

인사

외국인에게 인사했는데 갑자기 분위기 싸해진 이유

20대 초반 시절, 저는 외국인 친구가 너무 사귀고 싶었어요. 그래서 어떻게든 외국인을 만나려고 이태원 술집을 기웃거렸죠. 우연히 민머리의 쿨하게 생긴 외국인과 인사할 기회가 생겼습니다. 이날을 위해 평소에 영화와 미드를 보며 열심히 영어 연습했기에 자신감이 넘쳤습니다. 하지만 제가 인사를 건네는 순간, 갑자기 분위기가 싸해졌어요. 도대체 무슨 일이 벌어진 거죠?

Hey man, what's up?

이봐, 별일 있어?

Hello... nothing.... Anyway my name is Wayne.

안녕하세요... 별일 없어요.... 그나저나 제 이름은 웨인입니다.

미드에 수백 번 나온 인사 What's up?이 뭐가 문제였을까요? 문법이나 표현적인 부분에서 틀린 점은 없습니다. 분위기가 싸해진 이유는 제가 한 가지 사실을 간과하고 있었기 때문입니다. 바로 '예의'입니다. 아무리 서양 문화여도 처음 보는 사람에게 무작정 저렇게 말하면 결례가 될 수 있어요. 처음 보는 사이에는 이런 인사가 적절하죠.

Hello, my name is Alnam.

안녕하세요, 제 이름은 알남입니다.

It's nice to meet you. I am Wayne.

만나서 반가워요. 저는 웨인입니다.

Likewise. How are you?

저도 만나서 반가워요. 오늘 어때요?

영어에도 존댓말이 있나요?

흔히 영어에는 존댓말도, 위아래도 없다고 생각합니다. 하지만 영어에도 상대방에게 예의를 갖추는 존댓말이 있어요. 가령 Please to meet you.(만나게 되어 반갑습니다.)나 I'm glad to see you.(뵙게 되어 기쁘군요.)와 같은 정중한 표현들이죠. 질문할 때 조동사(could, would)를 붙이거나 부탁할 때 please를 붙이면 정중한 표현이 되기도 합니다. 영어권 나라에서도 예의를 중요하게 생각하기 때문에 처음 만난 사람에게는 정중한 표현을 사용해야겠죠?

인사라고는 How are you? 밖에 모르는데 다른 신박한 인사법 없나요?

물론 How are you?를 자주 사용하긴 하지만, 같은 말이라도 다양한 표현을 알아두면 좋아요. 아침, 점심, 저녁 시간에 따라 Good morning, Good afternoon, Good evening으로 인사를 달리 할 수도 있고요, 상대방에게 작은 칭찬을 하며 인사를 하는 방법도 있습니다. 예를 들어 I like your shoes.(신발 예쁘다.), Your watch looks good on you.(그 시계 너한테 잘 어울린다.)같은 기분 좋은 칭찬을 하는 거죠. 우리나라에서는 뜬금없다고 생각할 수도 있지만, 영미권에서는 이런 작은 칭찬을 인사처럼 해요. 주의할 점은, 아무리 칭찬이라 할지라도 함부로 외모에 대해 평가하는 것은 금물이에요. 사람에 따라 기분 나쁘게 받아들일 수도 있으니까요.

외국인 친구와 놀다가 헤어지는데 저를 안아서 놀랐어요. 저한테 마음이 있는 걸까요?

한국에서 인사할 때 고개를 숙이거나 악수하는 것처럼 나라마다 고유의 인사법이 있어요. 예를 들어, 미국과 유럽에서는 인사로 악수를 하거나, 가볍게 안거나, 볼에 입을 대지 않고 가볍게 쪽 소리를 내는 입맞춤을 해요. 남자들의 경우, 상대방의 눈을 바라보며 인사하거나 가볍게 악수를 하죠. 처음 만난 사이에서도 헤어질 때 가볍게 포옹하며 굿바이 인사를 건네는 경우도 많아요. 아무리 외국식 인사라고 하지만, 키스가 너무 어색하다면 상대방에게 오른쪽 뺨을 내어줘(?) 보세요. 그러면 상대방이 오른쪽 볼과 왼쪽 볼에 가볍게 입 맞추며 인사를 건넬 거예요. 그때 같이 맞춰서 인사하면 되죠.

인사는 자신 있게 했는데, 인사를 하고 나니 대화가 뚝 끊겼어요. 대화를 이어가는 팁이 있을까요?

외국인을 처음 만났을 때 스몰 토크(small talk)로 대화를 이어갈 수 있어요. 주의해야 할 점은 외국인들은 사생활에 민감하기 때문에 친하지 않은 사이에 사적인 질문은 피해야 한다는 것이에요. 대화의 시작은 직업이나 출신 지역 정도가 무난해요. What do you do?(무슨 일을 하세요?), Where are you from?(어디서 오셨어요?)이라고 물어보면 자연스럽게 대화가 이어지죠. 술을 마시는 자리라면 What are you drinking?(뭐 마시고 있어요?)라고 물어보며 술에 대한 얘기를 할 수도 있죠. 공통 관심사에 대한 이야기를 이어나가는 것도 좋은 방법입니다.

한 입으로 두 말하기

만날 때 인사하기

Hi. / Hey. / Hey man. 안녕.

·· 처음 만난 사람한테 Hey.라고 인사하면, 상대방은 저번에 만난 적이 있었는지 생각하며 혼란스러워 할 수 있어요. Hey man.은 보통 남자들 사이에서 친한 친구끼리 사용하는 인사 표현입니다.

What's up? / What's new? / What's going on? 별일 있나?

·· How are you?(요즘 어때?)와 같은 말로 처음 만난 사람이 아닌, 전에 만난 적이 있는 사람한테 편하게 할 수 있는 인사예요. What's up?은 줄여서 Sup?이라고 말할 수도 있습니다.

How have you been? / How are things? / How are you doing? 어떻게 지내?

Are you okay? / How's everything? / How's it going? / How are things? 잘 지내?

You good? / You all right? 잘 지내냐?

·· 문법적으로는 틀리지만, 격식이 없는 친한 사이에서 허용되는 인사말입니다.

헤어질 때 인사하기

◆ 친한 사이일 때

Bye. 잘 가.

Talk to you later. 연락할게.

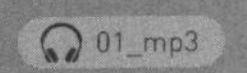

See you. 또 보자.

Take care. 잘 지내(건강해라).

It was lovely meeting you. 당신을 만나서 반가웠어요.

◆ 별로 안 친한 사이일 때, 공식적인 자리일 때

I look forward to our next meeting.
다음 약속을 고대하고 있습니다.

·· look forward는 앞을 바라보는 느낌입니다. 그래서 '고대한다'는 의미가 되죠. I can't wait.((못 기다릴 정도로) 기대 돼.)가 비슷한 의미예요.

It was nice seeing you. 만나서 반가웠습니다.

Pleased to meet you. / It's a pleasure to meet you.
만나 뵙게 돼서 반가웠습니다.

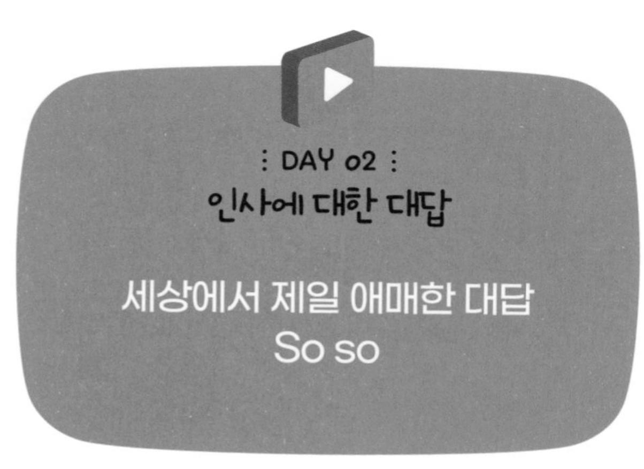

유튜브 강의

유학 초기에 저는 So so.라는 말을 애용했어요. So so가 우리말로 '보통이다', '그저 그렇다'라는 뜻이잖아요? 좋지도 나쁘지도 않은 '보통'을 표현하는 말이니 얼마나 활용도가 높겠어요. 친구들이 How are you?(오늘 좀 어때?)라고 물어보면 저는 항상 '좋지도 않고 나쁘지도 않아~'라는 의미로, So so.라고 대답했죠. 그런데 그렇게 대답할 때마다 친구들이 '무슨 일 있어?'하는 반응을 보이더군요.

Hi! How are you?

안녕! 오늘 좀 어때?

Um.... So so.

음.... 그냥 그래.

Oh, what's wrong?

음, 무슨 일 있어?

How are you?에 대해 So so.라고 대답하는 것은 매우 부자연스러운 표현이라고 해요. 이유는 '그저 그래'라는 표현에 담긴 애매함 때문입니다. 영어는 애매한 표현을 좋아하지 않아요. I'm okay.나 Not bad.정도로 조금 더 명확하게 대답해야 하죠. 음식 맛이나 영화가 보통일 때도 So so.라고 많이 하는데, '보통이다'라는 표현은 Not bad. 혹은 It's alright.가 더 적절합니다.

Hi! How are you?

안녕! 오늘 좀 어때?

Um.... I'm alright. How are you?

음.... 괜찮아. 넌 어때?

Not so good. Cos I got a bad grade on the final.

그닥 안 좋아. 왜냐면 기말고사 결과가 너무 나쁘거든.

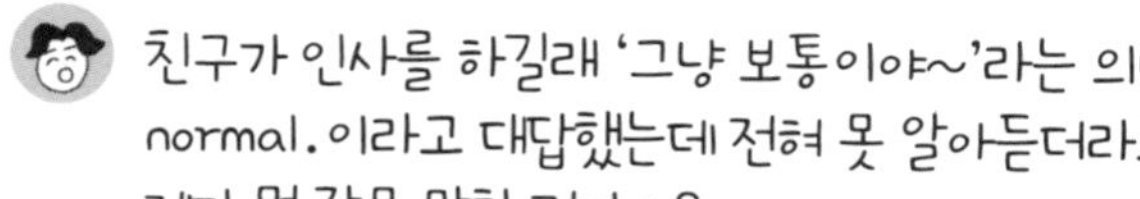

친구가 인사를 하길래 '그냥 보통이야~'라는 의미로 I'm normal.이라고 대답했는데 전혀 못 알아듣더라고요. 제가 뭘 잘못 말한 건가요?

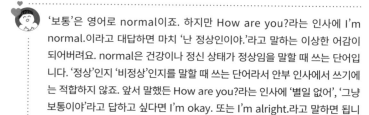

'보통'은 영어로 normal이죠. 하지만 How are you?라는 인사에 I'm normal.이라고 대답하면 마치 '난 정상인이야.'라고 말하는 이상한 어감이 되어버려요. normal은 건강이나 정신 상태가 정상임을 말할 때 쓰는 단어입니다. '정상'인지 '비정상'인지를 말할 때 쓰는 단어라서 안부 인사에서 쓰기에는 적합하지 않죠. 앞서 말했든 How are you?라는 인사에 '별일 없어', '그냥 보통이야'라고 답하고 싶다면 I'm okay. 또는 I'm alright.라고 말하면 됩니다.

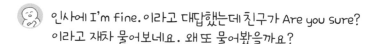

인사에 I'm fine.이라고 대답했는데 친구가 Are you sure?이라고 재차 물어보네요. 왜 또 물어봤을까요?

fine은 '좋다', '괜찮다'는 의미로 good처럼 쓰일 수도 있지만, 항상 긍정적으로 쓰이는 표현은 아니에요. 좋지도 나쁘지도 않은 '그럭저럭'의 어감이 있습니다. 안 좋은 일이 있지만, 그 일에 대해서 자세히 말하고 싶지 않을 때 I'm fine.이라고 답하기도 해요. 그래서 I'm fine.이라고 대답할 때는 표정과 목소리 톤이 중요하죠. 밝은 표정으로 I'm fine.이라고 답했다면, 상대방은 별문제 없다 생각하지만, 기운 없는 목소리나 우울한 표정으로 대답한다면 상대방은 괜찮지 않다고 받아들일 수 있거든요.

How are you?에 자동적으로 I'm fine.만 하고 있는데 언제까지 좋다고만 대답해야 하나요?

How are you?가 우리말로는 '밥 먹었어?'같은 인사이기 때문에 보통은 의례적으로 대답하긴 하지만 친한 사이에는 꼭 좋다고만 대답하지 않아도 돼요. I'm just hanging in there.라고 하면, '(힘들지만) 그럭저럭 버티고 있어.'라는 의미이고요, I've been better.라고 하면 '별로야.'라는 뜻이죠. 이렇게 대답했을 때 상대가 무슨 일 있냐고 하면 대화를 이어갈 수도 있지요.

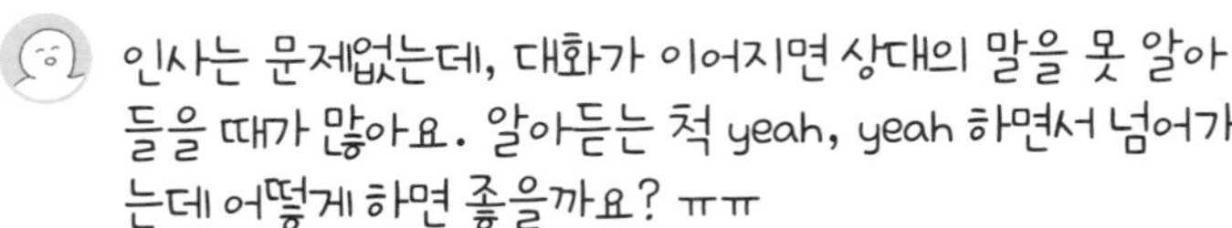

인사는 문제없는데, 대화가 이어지면 상대의 말을 못 알아들을 때가 많아요. 알아듣는 척 yeah, yeah 하면서 넘어가는데 어떻게 하면 좋을까요? ㅠㅠ

영어가 모국어가 아니기 때문에 억양, 연음, 발음 그리고 생소한 어휘가 익숙하지 않아서 못 알아듣는 것이 당연합니다. 그렇다고 알아들은 척하고 넘어가려고 yeah, yeah만 반복하다가, 알고 보니 상대방이 질문을 한 경우엔 난감하죠. 상대의 말을 건성으로 듣는 무례한 사람으로 오해받을 수도 있습니다. 알아듣지 못했다면 솔직하게 말하고 되묻는 습관이 매우 중요합니다. 이런 상황에서 쓸 수 있는 영어 표현들을 알려드릴게요.

- Sorry? / Come again? / Can you say that again? 다시 말해 줄래요?
- I'm sorry to interrupt, but I don't understand that word, 'quarantine.' 대화 도중에 미안한데, 'quarantine' 단어를 모르겠어요.
- I'm sorry, I couldn't catch what you said. Could you speak more slowly, please? 미안해요. 무슨 말인지 이해 못했어요. 천천히 말해 주실래요?

한 입으로 두 말하기

인사에 대답하기

◆ 좋아

I'm good. / Pretty good. 좋아.

I feel great/fantastic. 기분이 너무 좋아.

I'm well. / I'm doing well. / Very well, thanks. 잘 지내고 있어.

So far, so good. 지금까지는 좋아(그럭저럭 잘 지내).

Never better! 최고야!

·· I've never been better. (이보다 더 나은 적이 없어.)를 줄인 말로 그만큼 좋다는 표현이에요.

◆ 그냥 그래/괜찮아

Not much. I'm just chilling. 그냥 그래. 쉬고 있어.

Just the same old same old. 늘 똑같아.

It's not bad. / I'm alright. / I'm ok. / I'm fine. 괜찮아.

◆ 별로야

Not great. / Not so good. / Not so well. / Not doing well. 별로야.

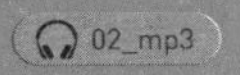

I feel bad. / I don't feel so good. / I'm not well.
기분이 좋지 않아.

I'm not feeling well.
(몸이나 기분이) 별로 안 좋아.

I'm hanging in there.
그럭저럭 버티고 있어.

·· 상황이 좋지 않거나 힘든 하루를 보냈을 때 쓰이는 표현이에요.

상대방에게 안부 되묻기

Well, nothing special. How are you doing these days?
음 별일 없어요. 요즘 어떻게 지내세요?

I'm doing very well. I haven't seen you for ages! What's new?
나 매우 잘 지내. 너 정말 오랜만에 본다! 별일 없지?

Couldn't be better. How is your day going so far?
더할 나위 없이 좋아. 오늘 하루 어때?

Nothing much. What's happening?
별일 없어. 넌 뭐 새로운 일 있어?

Look who's here. I've been busy lately. How are things with you?
와 이게 누구야. 나 요즘 바빴어. 넌 어떻게 지냈어?

What a surprise! I didn't expect to see you here.
I'm doing great. What have you been doing?

정말 놀랐어! 여기서 만날 줄 몰랐는데. 난 잘 지내. 너 어떻게 지냈어?

상대방의 소식에 반응하기

▶ 상대방에게 인사하며 안부를 물었는데 상대방이 좋은 소식이나 안 좋은 소식을 말할 경우 쓸 수 있는 표현입니다.

◆ 좋은 소식일 때

Wow! That's great/awesome/fantastic! 와! 잘됐다/대단하다!

I'm (so/really) glad to hear that. 그 소식을 들으니 (정말) 기뻐.

Congratulations! I'm thrilled for you!
축하해! (네가 그렇다니/잘돼서) 기뻐!

I'm very happy for you. (네가 그렇다니/잘돼서) 기뻐.

That's very good news. 그거 정말 좋은 소식이다.

Good for you! 잘됐다!

Well done! 잘했다!

Lucky you! 너 운 좋다!

◆ 안 좋은 소식일 때

I'm so sorry to hear that. 정말 안됐다.

Oh, what awful news. I'm sorry. 오, 안 좋은 소식이다. 유감이야.

What a bummer. 안됐다.

Oh no, that's awful/rough/disappointing.
I can't believe it. 오 저런, 그거 끔찍하다. 믿을 수가 없어.

Hope you feel better soon. 곧 나아지길 바라.

I really don't know what to say. I'm very sorry.
뭐라고 말해야 할지 정말 모르겠다. 정말 유감이야.

My heart hurts for you. I'm very sorry.
마음이 아프다. 정말 유감이야.

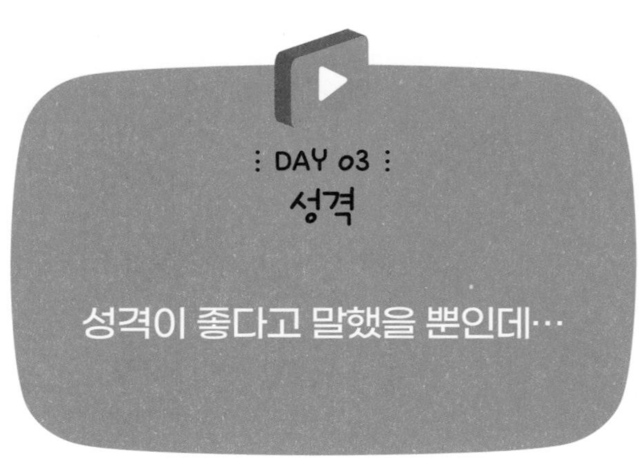

: DAY 03 :

성격

성격이 좋다고 말했을 뿐인데…

영국 유학을 할 때 학교생활에 정말 많은 도움을 준 올리버라는 친구가 있었어요. 성격이 정말 좋은 친구였어요. 저는 다른 친구들을 만날 때면 그 친구에 대한 칭찬을 입이 마르도록 했죠. 특히 성격에 대한 칭찬을 많이 했는데, 그럴 때마다 분위기가 조금 이상해지더군요.

Oliver's personality is really good.

올리버는 성격이 정말 좋아.

Ahh... alright. But, what does that exactly mean? 아... 그렇구나. 근데 그게 무슨 의미야?

누군가의 성격을 말할 때, '그 사람 성격이 좋아', '성격이 별로야' 이런 표현을 많이 쓰죠? 그런데 이 문장들을 그대로 영어로 옮기면 어색한 표현이 되어버립니다. 굳이 성격(personality)이라는 단어를 사용할 필요 없이, 간단히 He/She is nice.라고 표현하면 됩니다. 여기서 조금 더 구체적으로 말하면 좋습니다. 성격의 어떤 부분이 좋은지를 말해 주면 의미가 더 뚜렷해지니까요.

I think Oliver is nice. He's quite open-minded.

내 생각에 올리버는 좋은 사람이야(성격이 좋아). 그는 열린 마음을 가지고 있거든.

Oh really? Why do you think he is?

오 정말? 왜 그렇다고 생각해?

He is not biased and easily accepts other people's opinions.

그는 편견이 없고, 다른 사람의 의견을 잘 받아들여.

외국 사람들은 남의 일에 관심이 없다던데, 정말 개인적인 성향인가요?

공동체 문화가 발달한 우리나라에 비해서는 확실히 개인주의 성향이 강합니다. 우리나라에서는 친구 앞에서 혼자 음식을 먹으면 왠지 나눠줘야 할 것 같고 눈치가 보이잖아요? 하지만 외국에서는 그 누구도 신경 쓰지 않습니다. 오히려 나눠준다고 하면 어색해하는 경우가 더 많아요. 영국 피자 레스토랑에 가면 사람들이 피자 1인 1판을 하고 있는 신기한 광경을 볼 수 있습니다. 한국이었으면 나눠 먹는 것이 당연할 텐데, 정말 다르죠? 하지만 모든 사람이 개인주의적인 것만은 아닙니다. 누군가 도움을 요청하면 모르는 사이인데도 불구하고 적극적으로 도움을 줍니다.

우리 말로 '찐따'는 영어로 뭐라고 하나요? (내가 '찐따'라서 물어보는 거 아님)

일단 은어인 '찐따'라는 말의 정의에 대해 살펴보죠. 우리말로 찐따는 뭔가 어수룩하고 다른 사람들과 잘 어울리지 못하는 사람을 말하죠? 순화하면 '괴짜'라는 말로 바꿔볼 수도 있는데요, '괴짜'는 영어로 nerd나 geek이라고 합니다. 일반적으로 nerd, geek은 머리가 좋지만 사회성이 부족하고, 외부 활동을 잘 안 한다는 특징이 있어요. 또한 특정 분야에 몰두하거나, 하나에 특히 집착하는 마니아의 습성도 가지고 있죠. nerd에는 우리말 '찐따'처럼 살짝 부정적인 어감이 있지만 이런 성향이 꼭 나쁜 것만은 아니잖아요? 약간 괴짜 같은 면이 있어도 특유의 스타일을 매력으로 내세우는 사람들도 많으니까요. 이런 사람들은 unique, quirky, eccentric(별난, 특별한)같은 표현으로 묘사하는 것이 적절하죠.

거만하고 '갑질'하는 사람은 뭐라고 말해야 하죠?

영어로 직장 상사나 상관, 보스를 boss라고 하죠? 이 말을 동사로 쓰면 '~를 쥐고 흔들다'라는 뜻이에요. boss around는 꼭 나를 부하처럼 대하면서 '이래라저래라 지시하다'는 것을 말하죠. '갑질하다'와 비슷한 느낌이죠? 갑질하는 사람에게 이렇게 말해 주세요. Don't boss me around!(갑질하지 마!)

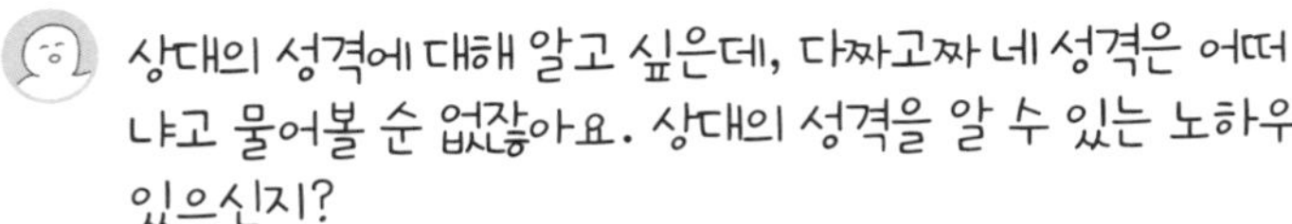

상대의 성격에 대해 알고 싶은데, 다짜고짜 네 성격은 어떠냐고 물어볼 순 없잖아요. 상대의 성격을 알 수 있는 노하우 있으신지?

개인적인 팁인데요, MBTI(성격 유형 검사)를 물어보면 어떨까요? 우리나라에서도 지금 유행 중인 간단한 성격 유형 테스트인데요, 친구들끼리 이야깃거리로 쓰기도 좋고, 상대의 성격도 파악할 수 있어요. 이 테스트를 신봉해서라기보다는, 대화할 때 좋은 '아이스 브레이커'가 될 수 있을 뿐 아니라 '너 성격이 어때?'라고 직접적으로 묻는 것보다 훨씬 센스 있는 질문이기 때문이에요. 'MBTI가 요즘 유행이던데, 넌 뭐야? 난 ENTJ야.' 하는 식으로요.

한 입으로 두 말하기

상대 혹은 제 3자의 성격을 물어보는 표현

What is he/she like? 그 사람은 어떤 사람이야?

What sort of/kind of person is he/she? 그 사람은 어떤 사람이야?

What's his/her personality like? 그 사람 성격 어때?

내 성격에 대해 말하기

◆ 외향적인 성격

I'm extroverted. / I'm very outgoing. 나는 외향적이야.

I love to talk! 난 말하는 걸 좋아해!

I'm sociable/friendly. 난 사교적이야.

I like to go out and meet new people. 난 나가서 새로운 사람들 만나는 걸 좋아해(난 꽤 사교적이야).

I enjoy group work. 난 단체로 하는 일을 좋아해.

I feel isolated by too much time spent alone. 난 혼자 시간 보내면 고립된 것 같아.

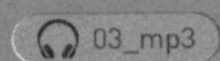

◆ 내향적인 성격

I'm kind of reserved/introverted. 난 약간 내성적이야.

I prefer time to myself. 난 혼자 시간 보내는 걸 좋아해.

I prefer working alone. 난 혼자 하는 게 좋아.

I prefer socializing with a close circle of friends.
난 친한 친구들과 어울리는 걸 선호해.

I usually listen more than I speak up.
난 말하는 것보다 주로 들어.

I prefer listening to talking. 난 말하는 것보다 듣는 걸 선호해.

For me, it is not easy to speak in public.
나한테 있어서 사람들 앞에서 말하는 건 쉽지 않은 일이야.

성격에 대한 긍정적인 표현들

She is an optimist. / She is a positive person.
그녀는 낙천적이야.

She is active. 그녀는 활동적이야.

He is intelligent. 그는 똑똑해.

She is funny. 그녀는 재미있어.

He is generous. 그는 관대해.

She is honest. 그녀는 정직해.

He is kind. 그는 친절해.

She is sensible. 그녀는 합리적이야.

She is a reliable/trustworthy person. 그녀는 신뢰할 수 있는 사람이야.

He is thoughtful. 그는 사려 깊어.

He is approachable. 그에겐 말 붙이기가 쉬워. (사람이 좋아서 가까이하기 좋다)

성격에 대한 부정적인 표현들

He is pessimistic. / He is a negative person. 그는 비관적이야.

She is lazy. 그녀는 게을러.

He is usually moody. 그는 주로 기분 변화가 심해.

She is rude. 그녀는 무례해.

Tony is so big-headed.
토니는 너무 잘난체해(건방져).

He thinks he is more important than other people.
그는 그가 다른 사람들보다 더 중요하다고 생각해.

Clark is an aloof and inconsiderate person.
클라크는 냉담하고 배려 없는 사람이야.

He doesn't care how other people feel.
그는 다른 사람이 어떻게 느낄지를 생각하지 않아.

Do not trust James. He is deceitful.
제임스를 신뢰하지 마. 그는 기만적인(뒤통수치는) 사람이야.

Paul is very dogmatic. He is always against change.
폴은 되게 독단적인 사람이야. 그는 항상 변화를 반대하지.

Every time I see Mia, she is usually in a bad mood.
I would also say she is a quick-tempered person.
내가 매번 미아를 볼 때마다, 그녀는 늘 화나 있어.
그녀는 성격이 예민한(화를 잘 내는) 사람인 것 같아.

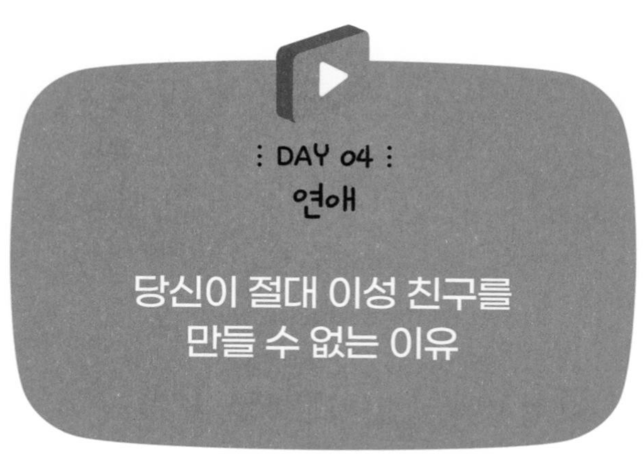

: DAY 04 :
연애
당신이 절대 이성 친구를
만들 수 없는 이유

유튜브 강의

저에겐 아비(Abi)라는 여자 사람 친구가 있어요. 어느 날 아비가 대학교에 들어오니 다들 데이트를 해서 너무 외롭다고 하더라고요. 전 남자 친구 한 명 사귀어 보는 게 어떠냐고 물었습니다. 진심 어린 조언을 좋아할 줄 알았는데 아비는 저를 이상하게 쳐다보더군요. 나 선 넘은 거니....

Why don't you make a boyfriend?

남자 친구를 만들어보는 게 어때?

I can't make a boyfriend. I'm not a factory....

난 남자 친구를 '만들' 수 없어. 내가 공장도 아닌데....

'남자 친구를 만들다'라는 말을 우리말로 그대로 직역하면 make a boyfriend인데요, 이렇게 말하면 어색한 상황이 됩니다. 우리는 사람을 '만들' 수 없기 때문이죠. 이 말은 마치 신(God)처럼 사람을 '창조'한다는 뜻이에요. make 대신 have나 find를 사용해야 자연스러운 표현이 됩니다.

Why don't you find a boyfriend?

남자 친구를 찾아보는(만드는) 게 어때?

Well, I'm not ready to meet anyone.

음, 아직 누굴 만날 준비가 안 됐어.

Well, find a hobby or something to keep yourself busy.

그럼, 계속 바쁠 수 있게 취미 같은 거 한번 만들어 봐.

'친구를 만들다'는 make friends라고 말하던데요?

맞아요. '친구를 만들다'라는 표현에는 make를 사용해요. make friends에서 friends는 '친구'라는 특정 사람이 아닌 '우정, 유대감'을 상징하기 때문이죠.

- I'm trying to make friends. (O) 난 친구를 사귀려고 하는 거야.
- I'm trying to make a girlfriend. (X)

영어에도 '남사친', '여사친'이라는 말이 있나요?

이성적인 감정이 전혀 없는 남자 사람 친구(남사친), 여자 사람 친구(여사친)은 영어로 a male friend, a female friend라고 해요. 혹은 그냥 We are just friends.(우리 그냥 친구야.)라고 해도 되죠. 또 재미있는 표현 중 하나가 friend zone이에요. 번역하면 '친구 지대'인데요, She put me in the friend zone.이라고 하면 '그녀가 나를 '친구 지대'로 넣었어.' 다시 말하면 이성 관계가 아닌 친구 사이로 '선 그었어'라는 뜻입니다. ㅠㅠ

A : Who is that handsome guy you just talked to? 방금 너랑 얘기한 그 남자 누구야?

B : He's just a male friend. 그냥 남사친이야.

영국 영화를 보니까 사귀지도 않는 사람한테 Honey, Sweetheart, Darling, Baby라고 부르던데 뭐죠?

대부분 영국인들이 자기 감정을 잘 드러내지 않는다고 생각하지만, 사실 영국인들은 다정하고 친절한 모습이 많습니다. 식당 직원들이 친근하게 다가와서 darling이나 love라고 부르는 경우도 많아요. 특히 중부 쪽 영국인들은 낯선 이에게 my pet, duck(내 사랑)이라고 부르기도 해요. 영화에서 본 그 호칭들도, 특별한 의미나 목적 없이 일상에서 상대방을 친근하게 부르는 방식으로 보시면 돼요. 친구가 아니어도 처음 보는 사람한테 mate라고 부르기도 하는 것처럼요.

우리말로 '썸 타는 중이야~'는 뭐라고 표현하나요?

'썸'이라는 유행어의 기원을 생각해 보세요. 사귀진 않지만 심상치 않은 기류가 오고 갈 때 '썸씽(something) 있다'라고 하죠. something에서 some만 가져와 쓰기 시작했죠. 그런데 'something이 있다'는 표현이 정말 영어 표현으로 그대로 통해요. 영어로 '썸 탄다'라는 말은 There is something going on~라고 표현하거든요.

- We have something going on. / There is something going on between us. 우리 썸 타고 있어.
- They have something going on. / Something is going on between them. 걔네 썸 타는 중이야.

한 입으로 두 말하기

남자 친구, 여자 친구를 만들고 싶다고 말할 때

I want to have a girlfriend. 여자 친구가 있었으면 좋겠어.

How do I get a boyfriend? 남자 친구를 어떻게 만들지?

·· get은 다른 동사보다 훨씬 적극적인 느낌이 있어요. get에 무언가를 '움직이는' 그림이 있다고 했었죠? get을 쓰면 조금 더 적극적으로, 역동적으로 연인을 찾는 어감이 생겨요.

I need to look for a new boyfriend. 새로운 남자 친구를 찾아야겠어.

연애 중이라고 말할 때

I'm dating someone. 나 누구 만나고 있어.

We've been together for 2 years. 우리 2년째 사귀고 있어.

I'm going out with her. 나 그 여자랑 사귀고 있어.

She is in a relationship. 걔 연애 중이야.

Are they an item/a pair/a couple? 쟤들 사귀는 사이야?

·· be(become) an item은 요즘 10대들이 많이 쓰는 표현이에요.

A: I thought you two were becoming an item. 난 너희 둘 사귀는 줄 알았어.

B: No way. Don't even say that. 뭔 소리야. 그런 말도 하지도 마.

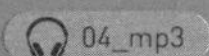

연애와 관련된 다양한 표현들

Steve and Jessica broke up/split up after being together for four years! 스티브와 제시카가 4년을 함께하고 헤어졌어.

·· 한국어로도 헤어진다는 표현을 '깨졌다'라고 하잖아요. 영어도 마찬가지입니다. break up with ~은 누군가와 이별했다는 뜻이에요.

I want to ask Johnny out to the cinema tomorrow.

내일 조니랑 영화관 데이트를 하고 싶어.

·· 'ask ~ out'과 비슷한 표현은 'date ~'입니다. ask out은 데이트하자고 대쉬하는 느낌에 가깝다면 date는 그냥 데이트하는 그 자체를 의미합니다.

At the party yesterday, I was attracted to the woman who was wearing a yellow dress.

어제 파티에서 나는 노란 드레스를 입고 있던 여자한테 끌렸었어.

·· attract가 '(매력을) 끌다'라는 의미이기 때문에 'be attracted to ~'와 같이 수동태로 쓰이면 ~에 끌리게 되는 거죠. 보통 어떤 사람에게 첫눈에 반한 상황에서 사용하기도 합니다.

I need to lose weight because I am going on a blind date next Monday.

나 살을 좀 빼야 해, 왜냐면 다음 주 월요일에 소개팅에 나가거든.

·· blind date는 '눈먼 데이트'이기 때문에 말 그대로 '소개팅'입니다.

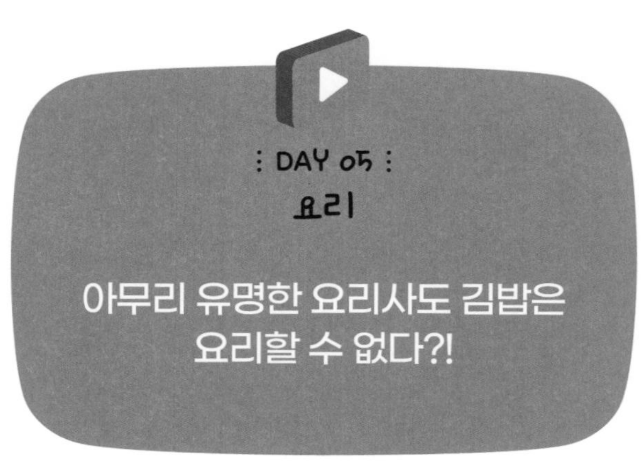

: DAY 05 :
요리
아무리 유명한 요리사도 김밥은
요리할 수 없다?!

유학 시절, 점심시간은 늘 외로웠습니다. 영국 대학생들은 각자 점심을 해결하는 경우가 많았거든요. 그래서 저도 도시락을 싸서 다니는 데 익숙해졌죠. 어느 날은 김밥이 먹고 싶어서 야심 차게 점심으로 김밥을 준비했습니다. 그리고 친구에게 직접 싼 김밥을 자랑스럽게 보여주며 이렇게 말을 했어요.

I cooked gimbab and brought it for lunch.

나 김밥 요리해서 점심 먹으려고 가져왔어.

Did you actually cook gimbab?

김밥을 진짜 요리한 거야?

친구가 어색한 미소를 지으며 말해서, 처음엔 김밥을 무시하나 싶었어요. 알고 보니 제가 한 말에 오류가 있더군요. cook은 불을 사용해서 볶거나 굽거나 하는 과정이 있는 '요리'를 할 때 쓰는 단어라고 해요. 김밥이나 샌드위치처럼 준비된 재료를 모으는 수준의 작업은 cook이 아니라 make(만들다)를 사용해야 합니다. 생각해 보면 '김밥을 요리했다', '샌드위치를 요리했다'는 말은 우리말로도 조금 어색하죠.

I made gimbab and brought it for lunch.

나 김밥 만들어서 점심 먹으려고 가져왔어.

Oh that's great. I made myself a sandwich.

오 좋은데. 나는 샌드위치를 만들었어.

make 대신 음식을 'prepare(준비하다)'라고 말하면 어떨까요?

우리가 흔히 하는 영어 실수입니다. 우리말로는 '음식을 준비하다'가 '요리하다'와 같은 뜻이기 때문이죠. 재료를 다 손질해서 요리할 '준비'가 된 경우에는 prepare을 사용할 수 있습니다. 혹은 요리를 마치고 음식을 식탁으로 나르기만 하면 될 때, 즉 식사가 모두 '준비'되었을 경우에도 prepare을 쓸 수 있습니다. 하지만 prepare을 '요리하다'라는 의미로 사용할 수는 없습니다. 이처럼 어감의 미묘한 차이를 이해해야 정확한 의미를 전달할 수 있습니다.

외국 친구가 저녁 식사에 초대했어요. 감사한 마음에, 먹기 전에 '잘 먹겠습니다'라는 뜻으로 I will eat well.이라고 했더니 모두 이해를 못하는 표정이더라고요.

우리나라에서는 식사 전에 '잘 먹겠습니다'라는 말을 합니다. 하지만 외국에서는 이런 식전(?) 인사를 하지 않습니다. 그래서 외국 친구들이 '잘 먹겠습니다'를 직역한 I will eat well.이 의미하는 바를 이해하지 못했을 거예요. 그렇다고 해서 영어 표현에 '잘 먹겠습니다'라는 말이 없는 건 아닙니다. 식전 인사를 하는 이유는 음식을 대접해 준 사람에 대한 감사를 표하기 위해서잖아요. 그러면, Thank you for the food.(음식 정말 감사드립니다.)라고 말할 수 있죠. 혹은 음식이 나왔을 때 Looks so great!(정말 맛있어 보여요!)라고도 할 수 있고요. '다들 맛있게 먹자!'라고 할 땐 Bon appétit!(본 아페티!)를 쓰기도 하지요. 이 말은 프랑스어지만 관용적으로 사용해요. 식전에 습관적으로 인사하지 않는 것뿐이지, 식사 예절은 어느 나라에나 있답니다.

'맛있다'라는 말을 delicious라고 배웠는데, 이 표현 잘 안 쓴다면서요?!

다른 표현에 비해 빈도가 떨어지긴 하지만, delicious도 '맛있다'고 말할 때 써요. 하지만 일상 회화에서는 The food is nice(tasty). 또는 The food tastes really nice.라는 말을 더 자주 하죠. delish라고 캐주얼하게 표현하기도 하고요. delicious는 비교적 격식적인 표현으로 맛이 매우 훌륭해서 기분이 황홀(?)할 때 쓰입니다. 누군가에게 음식을 대접받아 감사함을 표현할 때 쓰기도 하죠.

편견일지 모르겠는데 영미권 음식은 건강해 보이지 않아요. 실제로는 어떤가요?

편견이 아니라 어느 정도 사실입니다. 특히 영국 음식은 건강하지 않아요. 채소도 별로 들어가지 않고 튀긴 요리가 대부분이죠. 영국의 대표 음식인 피쉬 앤 칩스를 비롯해서 쉐퍼드 파이까지, 칼로리가 매우 높고 채소가 부족한 편입니다. 한때 세계를 호령하던 영국인데, 음식은 왜 발달하지 못했을까요? 일단, 농작하기에 썩 좋지 않은 환경인 기후를 첫 번째 이유로 들 수 있고요. 오랜 세월 로마 제국의 식민 지배를 당하여 자국 요리 문화를 발달시킬 기회가 없었던 것도 또 다른 이유가 될 수 있어요. 근세 이후에는 많은 나라를 식민 지배하며 그곳의 음식들을 적극 받아들이며 굳이 자국 요리를 발달시킬 필요가 없기도 했고요.

한 입으로 두 말하기

요리법에 대한 표현

▶ 김밥 만드는 과정을 예시로 요리법에 대한 영어 표현도 알아둡시다.

First, prepare all the ingredients, such as boiled rice, fried vegetables and seaweed.

우선, 밥, 볶은 채소 그리고 김과 같은 모든 재료를 준비하세요.

You should chop the carrot thinly if you're putting it in.

만약 당근을 여기 넣을거면 잘게 써는 게 좋습니다.

On the seaweed, spread the rice and put on all the ingredients in a long row.

김 위에 밥을 펼치고 모든 재료를 길게 한 줄로 올리세요.

Finally, carefully roll the seaweed and slice it evenly.

마지막으로, 조심스럽게 김을 말고 균일하게 썰어주세요.

음식 맛 표현하기

That tastes great/awesome/incredible/fantastic. / It's so yummy. / It's delicious/tasty.

맛있다.

It's really tender and juicy.

정말 부드럽고 육즙이 많아.

It's very savory.

정말 고소하다.

It tastes sweet and sour.

새콤달콤한 맛이 나.

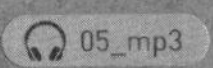

It doesn't taste good. / It tastes awful/terrible. 맛없어.

This fried chicken is too greasy/oily. 이 치킨 너무 느끼해.

This curry is hot and spicy. 이 커리는 맵고 자극적이야.

This cake tastes burnt and overcooked.
이 케이크에서 탄 맛이랑 너무 익은 맛이 나.

This soup is very salty. 이 수프(국) 너무 짜다.

It tastes a little bland/weak/flat for my taste.
내 입에는 좀 싱거워.

식사 제안하기

I'm going to cook authentic Korean food this Saturday. Do you want to come and try some?
이번 주 토요일에 정통 한식을 요리할 거야. 와서 좀 먹어볼래?

Why don't we have some food? 뭐 좀 먹지 않을래?

·· 'have(소유하다)'라는 단어로도 음식을 먹는 표현을 할 수 있습니다.

Are you eating(dining) out for lunch?
점심 사 먹을(외식할) 거야?

·· eat out은 '나가서 먹다'입니다. 말 그대로 '외식하다'이죠. 비슷한 표현으로 dine out도 있습니다.

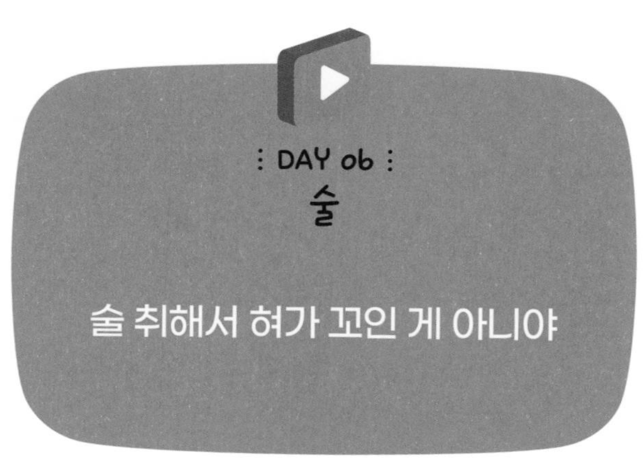

: DAY 06 :
술

술 취해서 혀가 꼬인 게 아니야

유튜브 강의

유학 생활을 하며 영어를 너무너무 잘하고 싶었던 저는, 외국인 친구들과 술자리를 많이 가졌습니다. 술을 마시면 왠지 영어가 술술 나오는 느낌이더라고요. 외국 친구들과 술을 마시는 것은 영어 실력을 늘리는 저만의 비법 중 하나였죠. 제가 술에 취하면 늘 하던 실수가 있었는데요, 바로 이것입니다.

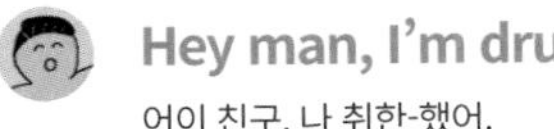

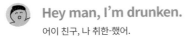

Hey man, I'm drunken.

어이 친구, 나 취한-했어.

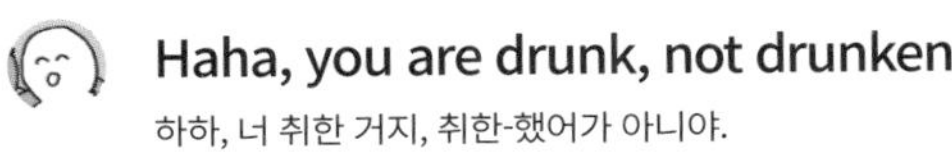

Haha, you are drunk, not drunken.

하하, 너 취한 거지, 취한-했어가 아니야.

저는 drunk, drunken 둘 다 '술 취한'이라고 알고 있었는데 제가 drunken이라고 말하면 친구가 매번 drunk로 고쳐서 말해주더군요. 이유를 물어보니 drunken은 '술 취한'이라는 뜻이지만, 명사 앞에서 수식할 때만 쓴다고 하더군요. 즉 I'm drunken.은 한국어로 치면 마치 '나 취한-했어.'라는 어색한 표현인 거죠.

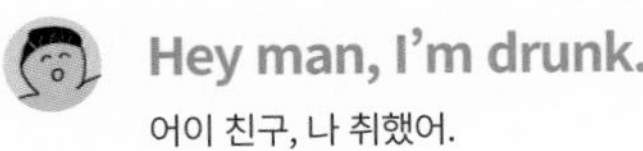

Hey man, I'm drunk.

어이 친구, 나 취했어.

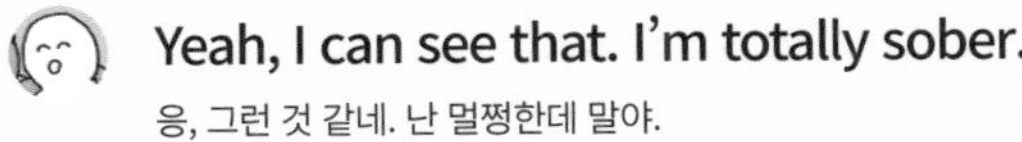

Yeah, I can see that. I'm totally sober.

응, 그런 것 같네. 난 멀쩡한데 말야.

베플 둘러보기

저는 술보다 술 게임을 좋아하는데요, 외국인들도 술 게임을 하나요?

외국에도 술 게임 문화가 있습니다. 대표적으로 킹스컵(Kings cup)이란 게임이 있는데요, 카드로 제비뽑기를 해서 벌칙을 수행하는 방식입니다. 주로 잔이나 카드, 혹은 간단한 보드게임을 이용한 게임을 많이 해요. 우리나라 술 게임처럼 창의적이거나 역동적이진 않죠? 그래서 팁을 하나 드리자면, 외국 친구들과 술을 마실 때 한국의 술 게임을 소개해 보세요. 그날 파티의 주인공은 여러분이 될 거예요.

영알남이 겪은 가장 충격적인 술 문화는 무엇인가요?

저에겐 낮술 문화가 가장 충격적이었어요. 대학교 때 교수님과 여러 명이 점심식사를 하는데 다들 맥주를 주문하더라고요. 저도 태연하게 맥주를 주문했지만, 속으로는 많이 당황했죠. 밥을 먹고 다시 학교로 돌아갔어야 했거든요. 영국에서는 '책임감 있게 마셔라(Drink responsibly)'라는 표현을 자주 쓰는데요, 자신이 책임질 수 있는 선이라면 음주 역시 시간에 구애받지 않는 것 같아요.

미드에서 보면 외국인들은 안주를 잘 안 먹는 것 같아요. 외국인들은 안주를 잘 안 먹나요?

한국에서 술을 마실 때는 술안주를 곁들이는 경우가 많죠. 그런데 외국에서는 식사할 때 와인을 곁들여 마시는 것을 제외하고는, 술 마실 때는 정말 술만 마시는 것이 일반적입니다. 물론 한국에서 '치맥(치킨과 맥주)'을 즐기듯, 외국에도 특정 주종에 어울리는 상징적인 음식들이 있어요. 맥주를 예로 들면 독일에서는 소시지, 미국에서는 핫윙, 스페인에서는 타파스, 브라질에서는 피자를 함께 즐기죠. 하지만 '술을 마시자'라고 할 땐 술만 마시는 것이 보편적입니다.

곧 여행을 가는데, 제가 워낙 술을 좋아해서 외국에서 다양한 술을 체험할 생각에 설레요. 외국에서 술을 살 때 알아두면 좋은 것 있나요?

한국에서는 날씨 좋은 날 한강 공원 같은 공공장소에서 가볍게 술을 마시기도 하는데요. 미국과 호주, 캐나다에서는 공공장소에서 주류 소지 및 음주 금지입니다. 또한 나라마다, 미국의 경우 주마다 법이 달라서, 음주 가능한 연령과 술 판매 시간도 다르니 여행 전에 꼭 알아두셔야 합니다. 한국에서는 밤에 맥주를 마시고 싶으면 편의점에서 바로 구매할 수 있지만, 외국에서는 정해진 시간이 지나면 주류 냉장고를 잠가버리죠. 한국에서 주류를 구매할 때 신분증을 확인하듯, 외국에서도 신분증을 철저히 확인합니다. 클럽에서도 신분증을 요구하니 가기 전에 꼭 챙기세요. 혹시라도 신분증이 없다고 해서 타인의 신분증을 빌리는 것은 금물입니다. 영국의 경우에 적발 시 최대 10년의 징역, 최대 5천 파운드(한화 약 780만)의 벌금을 내야 해요. 여행하시는 나라의 규정을 미리 알아보시고 안전 음주하세요!

한 입으로 두 말하기

건배할 때 하는 말

Cheers! / Bottoms up! 건배/원샷!

A toast to Jenny! 제니를 위해 건배!

Here's to your health! 건강을 위하여!

주량, 술 취향을 묻는 말

How much alcohol can you drink? 주량이 어떻게 되세요?

Can I get you a drink? This one's on the house.
술 한잔 드릴까요? 이건 제가 드리는 술이에요.

Do you have any preferences on the beer/wine?
선호하는 맥주/와인 있어요?

I don't like hard liquor, but I do like wine.
나 강한 술을 좋아하진 않지만, 와인은 좋아해.

He's a heavy drinker. 걔 술고래야.

I'm a light drinker. / I don't drink so much.
난 술 많이 안 마셔.

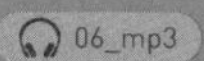

술에 취했을 때 하는 말

I'm a little tipsy/hammered. 조금 알딸딸해. 살짝 취했어.

I'm feeling a bit buzzed. 약간 취기가 느껴져.

I was so wasted. 나 완전 취했어.

He was blasted. 그는 (술에 취해서) 엉망이야.

숙취로 고생할 때 하는 말

▶ 숙취로 고생할 때 I have a hangover. / I am hungover.이라고 말하듯이 숙취의 고통을 표현할 수 있는 다양한 영어 표현들이 있어요.

I have a headache, nausea, and dizziness.
두통, 메스꺼움, 현기증으로 힘들어.

I feel really thirsty but also nauseous. I can't fall back asleep. 목이 너무 마른데, 속이 너무 메스꺼워. 다시 잠들기 힘들 것 같아.

I wake up feeling like I just got punched.
일어났는데 한 대 맞은 것 같은 느낌이야.

I feel like my skull got hit by a car.
내 머리가 차에 치인 것 같아. (그만큼 머리가 아프다는 표현)

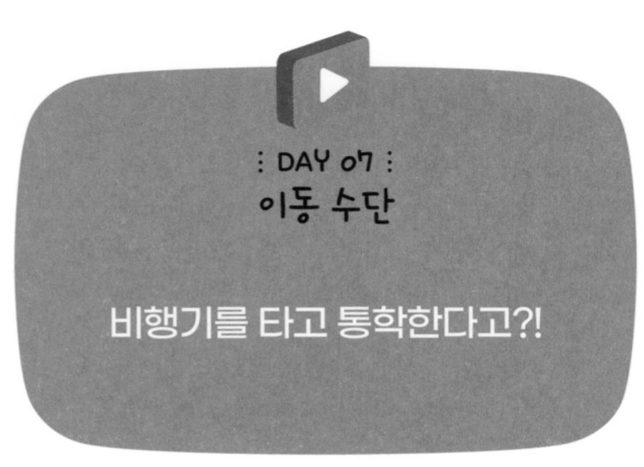

DAY 07
이동 수단
비행기를 타고 통학한다고?!

영국 대학교에 입학했을 때, 저는 반에서 유일한 아시아 유학생이었어요. 자연스럽게 영국 친구들은 저에게 많은 관심을 보였는데요. 어디서 왔는지, 어쩌다 영국에 왔는지, 어디에 사는지 등 다양한 질문을 받았죠. 그중에서 아직도 잊을 수 없는 질문이 있어요.

How do you travel to university?

넌 학교로 어떻게 여행(?)해?

Well, firstly, I took an airplane....

음, 일단 비행기를 타고....

An airplane? To university? Not a bus or tram?

비행기? 학교 가는데? 버스나 트램이 아니라?

travel이라는 말에 한국에서 영국 대학교까지 어떻게 왔는지 교통수단을 묻는 줄 알았죠. 하지만 이어지는 친구의 반응에, travel이 '여행'이라는 뜻으로 쓰인 게 아니라는 걸 직감적으로 깨달았습니다. travel에는 '여행하다'라는 뜻 외에 '이동하다'라는 뜻이 있었던 거죠. 영국 친구가 말한 '학교에 어떻게 이동하냐'는 말은 결국 '어떻게 통학하냐'는 뜻이었던 겁니다.

How do you travel to school.

너는 학교 통학 어떻게 해?

I go to school on foot.

나는 학교에 걸어서 가.

Oh, is it within walking distance?

오, 학교가 걸어갈 수 있는 거리에 있어?

외국의 대중교통은 어떤가요? 사람들이 많이 이용하나요?

나라마다 차이는 있지만 대도시에서는 대중교통을 많이 이용합니다. 그런데 한국에 비해 시설들이 오래되어서 교통 시설이 낙후된 곳도 많고 요금도 비싸죠. 환승 시스템도 우리나라가 정말 편리하고 직관적입니다. 대신 유럽은 자전거 문화가 많이 발전했습니다. 교통 시스템도 자전거 친화적이죠. 어느 도로에나 자전거 도로가 있고, 자전거 신호등도 따로 있을 정도예요. 큰 기차역들에는 자전거 주차장이 따로 있는데, 자전거들이 빼곡하게 주차된 진풍경이 펼쳐진답니다.

외국 택시비가 어마어마하다고 하던데, 어떤가요?

일단 한국의 대중교통은 외국인들이 여행 와서 극찬하고 갈 정도로 좋아요. 가격도 비싼 편이 아닌데 시설은 최고 수준이죠. 런던의 경우, 주된 대중교통이 100년이 넘은 노후화된 지하철이에요. 하지만 가격은 한국의 6배가 넘습니다. 지하철 한 번 타는데 한국 돈으로 7천 원 넘는 금액을 지불해야 하는 거죠. 유럽의 다른 나라들은 영국보다는 저렴한 편이지만 여전히 한국과 비교하면 비싼 가격이죠. 택시 역시 영국 블랙캡의 경우, 우리나라 택시보다 두 배 이상 비싼 가격이에요. 하지만 유럽 전역에서 우버(uber)가 활성화되면서 택시 가격은 많이 저렴해졌습니다. 한국의 택시요금과 비교해도 큰 차이가 없다고 느껴질 정도예요.

출퇴근 시간마다 지옥철 때문에 너무 힘들어요. 외국에도 이런 러시아워가 있나요?

당연히 러시아워가 존재합니다. 우리가 알고 있는 대도시들은 살인적인 교통 체증으로 악명 높죠. 그래서 해외여행을 할 때 러시아워 시간대를 숙지하고 여행 계획을 세우는 것도 중요해요. 보통 우리와 비슷하게, 출근 시간인 오전 7시~9시, 퇴근 시간인 오후 5시~7시 사이가 가장 심각합니다. 이 시간대에는 우버와 같은 택시 이용을 자제하는 게 좋겠죠? 전 예전에 런던에서 이 시간대에 택시를 잘못 탔다가 걸어서 30분 거리를 가는데 택시 요금으로 4만 원 가까이 낸 적도 있어요. 러시아워에는 소매치기가 극성이기 때문에 대중교통, 특히 지하철을 이용할 때 특별히 조심해야 합니다.

여행하다가 길거리에서 KISS&RIDE라는 문구를 봤는데 이거 무슨 뜻인가요?

놀라지 마세요. 키스하는 곳이 아니랍니다. 같이 승용차를 타고 가다가 대중교통 수단으로 환승할 때, 운전자는 내리지 않고 같이 탄 사람만 내리는 경우 사용할 수 있는 임시 정차 구역이에요. 공항에서는 KISS&FLY라고 사용하기도 하죠. 그런데 왜 뜬금없이 '키스'냐구요? 아마 가족이나 연인을 배웅하고 헤어지면서 가볍게 키스하는 것에서 유래하지 않았을까요?

한 입으로 두 말하기

교통 이용할 때 쓰는 표현

◆ 기차/지하철/버스 탈 때

Where are the ticket machines? 표 판매기는 어디 있나요?

How much is a single/return to London? 런던 가는 1인/왕복 티켓 얼마인가요?

Could you tell me where the nearest bus stop/subway station is? 제일 가까운 버스 정류장/전철역 어딘지 아세요?

What time's the next bus/train to Manchester? 맨체스터 가는 다음 버스/기차는 몇 시인가요?

Is this the right platform for Blackpool? 이 플랫폼이 블랙풀로 가는 플랫폼 맞나요?

Does this bus stop at the airport? 이 버스는 공항에서 정차하나요?

What's this stop? 지금 어디 정거장이죠?

◆ 자리 이용할 때

Do you mind if I sit here? 여기 앉아도 괜찮을까요?

Is this seat taken? 여기 자리에 주인 있나요?

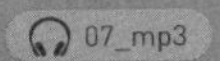

Excuse me, this is my seat. Could you check your ticket, please? 실례지만 여기 제 자리예요. 티켓 한번 확인해 주실 수 있나요?

택시 이용할 때 쓰는 표현

Would you call me a taxi, please? I'm going to the airport. 택시 불러 주시겠어요? 공항 갈 거예요.

May I book a taxi at 2 p.m. tomorrow? 내일 오후 2시로 택시 예약 가능할까요?

Could you take me to the airport please? 공항으로 데려다주실래요?

How much will that cost? 택시비 얼마 나오나요?

Here you are. / Here's a tip. / Keep the change. 여기 있어요. 잔돈은 가지세요.

Thanks for the ride. 태워 주셔서 감사합니다.

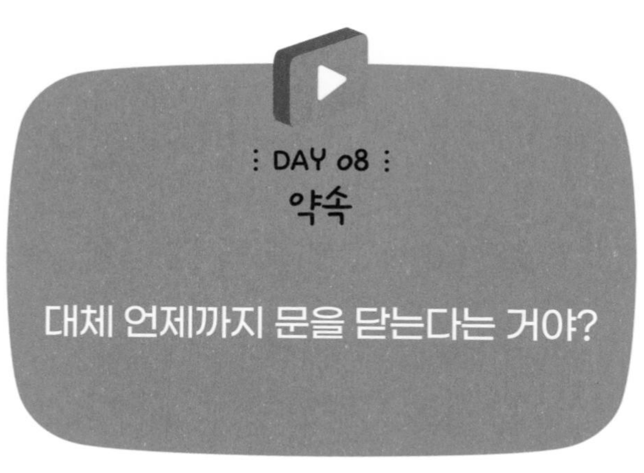

: DAY 08 :

약속

대체 언제까지 문을 닫는다는 거야?

유튜브 강의

한번은, 같은 동네 사는 영국 친구와 맛집에 가기 위해 같이 인터넷 검색을 했어요. 심혈을 기울여 검색한 끝에 인도 커리를 기가 막히게 잘한다는 식당을 찾았습니다. 그런데 식당 홈페이지에 이렇게 쓰여 있었습니다. Closed until Monday.

It says the restaurant will be closed until Monday. 식당이 월요일 전까지 문을 닫는다고 쓰여 있어.

Alright then, we should meet up on Tuesday. I want to try the food as soon as possible.
좋아, 그러면 화요일에 만나는 게 좋겠네. 거기 음식 최대한 빨리 먹어보고 싶거든.

Uh, I think we can meet up on Monday....
어, 우리 월요일에 만날 줄 알았는데....

저는 Closed until Monday를 '월요일까지 문을 닫는다'라고 이해했는데, 친구가 '월요일'에 가자니 이상하다 했죠. 속는 셈 치고 월요일에 식당에 가보니 정말 영업하고 있었어요. until은 '~까지'가 아니라 '~직전까지'라는 의미로 위 표현은 '월요일 직전까지 문을 닫는다', 즉 '월요일이 되면 연다'라는 의미죠.

It says the restaurant will be closed until Monday. 식당이 월요일 전까지 문을 닫는다고 쓰여 있어.

Alright then, let's meet up on Monday, tomorrow at 6 p.m. 좋아 그러면 월요일, 내일 6시에 만나자.

Cool, see you tomorrow.
좋아, 내일 보자.

항상 by도 '~까지'라는 의미던데, until과 어떤 차이가 있나요?

by도 '~까지'라는 의미로 사용하는 경우가 많아서 by와 until이 헷갈릴 수 있어요. 이렇게 생각하면 쉽습니다. 예를 들어 '내일 오후 7시까지 돌아오겠다'는 말을 할 때, until 7 p.m.이라고 하면, 7시가 되기 직전까지 오겠다는 의미가 됩니다. 굳이 따지자면 6시 55분~ 7시 즈음에 온다는 의미죠. by 7 p.m.이라고 말하면, '(최소한) 오후 7시까지'라는 뜻이 됩니다. 그래서 오후 4시, 5시처럼 시간 텀이 꽤 있는 시간까지 모두 포함할 수 있습니다. 과제 제출처럼 마감일이 정해져 있는 상황에서는 혼동하지 않게 by를 많이 사용합니다. 숙제는 마감일까지만 내면 언제든 상관없으니까요. 재미있는 사실은, 원어민들도 이 둘을 종종 헷갈린다는 것이죠.

외국인들은 시간관념이 투철하다는데, 정말 그런가요?

영미권에도 우리나라의 '코리안 타임'처럼 '아프리칸 타임(African Time)'이나 '인디언 타임(Indian Time)'이라는 말이 있습니다. 약속 시간에 늦는 문화적 경향을 말하는데요. 아프리카나 인도는 더운 지역이다 보니 비교적 여유롭고 느긋한 생활방식을 가지고 있습니다. 그것이 시간 개념에도 영향을 미친 것이죠. 하지만 진리의 '케바케' 아시죠? 각자 성향이나 시간 개념이 모두 다르니, 편견을 갖지 않는 것이 좋을 것 같아요.

약속 있다고 할 때 appointment라고 하면 안 된다면서요?

친구와 약속이 있다고 할 때 I have an appointment.라고 말해도 상대방은 맥락상 의미를 이해하겠지만, appointment는 업무적이거나, 공식적인 약속을 말하는 단어예요. 업무 미팅이나 의사, 변호사, 선생님, 개인 트레이너를 만나는 것과 같은 만남 말이죠. 친구나 가족을 만나는 것처럼, 사적인 약속을 말할 때는 plan에 -s를 붙여 plans라고 해요. I have plans with my friends for lunch.라고 말하면 '나 친구들이랑 점심 약속 있어.'라는 뜻이죠. 약속이 '하나'라서 I have a plan.이라고 말하는 분들도 있는데, 그럼 전혀 다른 뜻이 돼요. a plan은 '계획'이나 '작전'을 뜻하기 때문에, 어떤 계획이나 방안을 제시할 때 쓰죠.

A : How can we win the game? 우리가 경기에서 어떻게 이길 수 있을까?

B : I've got a plan. 계획이 하나 있어.

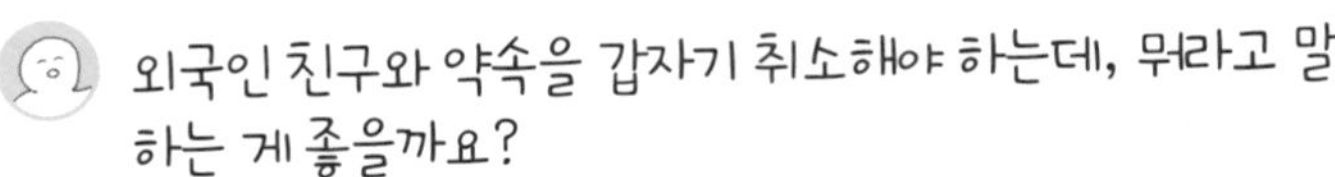

외국인 친구와 약속을 갑자기 취소해야 하는데, 뭐라고 말하는 게 좋을까요?

약속을 갑자기 취소해야 할 때는 그 상황과 이유를 설명하고 미안하다고 말을 하면 돼요(만국 공통입니다). 끝에 I was really looking forward to seeing you today.(오늘 널 정말 보길 기대했는데.)라고 덧붙이면 만나지 못해 아쉬운 마음을 표현할 수 있죠. 약속을 다시 잡고 싶다면, If you're free, let's plan to do lunch this week. Lunch is on me!(시간 되면 이번 주에 점심 먹자. 내가 살게!)라고 말해 보는 건 어떨까요?

약속 잡기

Where do you want to meet? 어디서 만날래?

When should we meet? 언제 만날까?

Do you want to go out for drinks tonight?
오늘 밤에 술 마시러 갈래?

I am thinking of seeing a movie tonight. Why don't you come with me?
오늘 밤에 영화 보러 갈까 생각 중이야. 나랑 같이 갈래?

약속 취소하기, 옮기기

I'm so sorry for the late notice, but something's come up and I have to cancel our lunch.
늦게 말해서 정말 미안한데, 일이 생겨서 우리 점심 약속 취소해야겠어.

Is it possible to reschedule? / Can we reschedule? I'm free at 2 p.m. on Sunday.
우리 약속 다시 잡을 수 있을까? 나 일요일 오후 2시에 시간 돼.

약속 제안에 대한 대답

◆ 응하기

That sounds good/great/perfect. 그거 좋다.

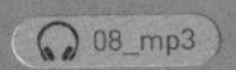

I'm up for that. I can't wait! 난 좋아. 너무 기대된다!

I'm down. I'm really looking forward to Sunday. 나 갈게. 일요일 정말 기대된다.

I'm in. / Count me in. 나도 끼워 줘.

It's on my calendar. 내 스케줄에 써놨어.

◆ 거절하기

I'd love to go, but I can't. I already have plans. / I already have a date. / I've already made plans for that day. 정말 가고 싶은데 못 가. 나 선약 있어.

I'm worn out. / I'm wrecked. / I'm swamped. 피곤해.

I don't have time. / I haven't got time. / I have no time to spare. / My plate is full. 시간이 안돼(나 바빠).

I've got too much going on. 일이 많아.

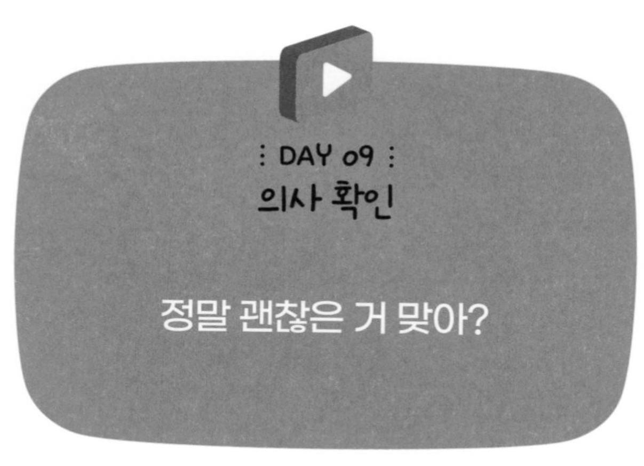

: DAY 09 :

의사 확인

정말 괜찮은 거 맞아?

유튜브 강의

영국 대학교 때, 조별 과제를 한 적이 있어요. 과제는 미룰수록 의욕이 떨어지기 때문에 저는 최대한 빨리 과제를 끝낼 생각이었습니다. 함께 과제를 하게 된 조원들에게 내일 오후 7시에 만나는 게 어떠냐고 물어보았죠. 조원들은 알겠다고는 하면서도 뭔가 석연치 않은 표정이었어요. 과제가 하기 싫은 건지, 내가 마음에 들지 않은 건지 영문을 알 수 없었죠.

Are you okay to meet up at 7 p.m. tomorrow?

내일 7시에 만나는 거 괜찮아?

Oh? Alright. Let's catch up tomorrow.

응? 그래. 내일 만나자.

약속을 정하고자 하는 의도는 제대로 전달되었습니다. 하지만 상대가 어색함을 느낀 이유는 제가 영어 실수를 했기 때문입니다. 바로 '~하는 거 괜찮아?'라는 의미로 Are you okay~?라고 표현한 부분이에요. 직역으로는 자연스럽지만 실제로는 그렇지 않습니다. Are you okay~?는 '몸 상태(컨디션) 괜찮아?'라고 묻는 질문이기 때문이에요. 올바른 표현은 Is that(it) okay~?입니다.

Is it okay to meet up at 7 p.m. tomorrow?

내일 7시에 만나는 거 괜찮아?

Yeah, sure! I will see ya tomorrow. But are you going to be okay? Because you said you were feeling bad this morning. 그래 그러자! 내일 보자. 근데 너 괜찮아질까? 오늘 아침에 아프다고 했었잖아.

Cool, I'm fine now. I'm going to be even better tomorrow. 좋아, 나 이제 괜찮아. 내일은 훨씬 괜찮을 거야.

베플 둘러보기

친구의 기분이 좋아 보이지 않습니다. '괜찮냐'는 의미로 Are you okay?라고 물어봤는데, 살짝 불편해하는 것 같더라고요. 왜죠?

한국인들은 상대방의 감정과 기분을 세심하게 신경 쓰는 편이잖아요. 그래서 상대의 안색이나 기분이 안 좋아 보일 때 '너 괜찮아?'라고 묻는 것이 이상하지 않죠. 하지만 서양권에서는 이 같은 관심을 선 넘는 참견이라고 느낄 수도 있어요. Are you okay?는 내가 보는 앞에서 친구가 넘어졌다거나 다쳤다거나 하는 가벼운 사고를 겪었을 때 쓰는 표현이에요. 정말 친한 사이에서 친구에게 무슨 일이 있는 건지 걱정된다면 이렇게 물어보세요.

- You don't look so good today, are you feeling alright?
  안색이 안 좋아 보이는데, 괜찮아?
- You don't look happy. Something happen?
  표정이 안 좋아 보이는데. 무슨 일 있어?

저보다 나이가 많은 어른들에게 의사를 물어볼 때도 Is it okay~?라고 말해도 되나요? 조금 격식을 갖춰야 할 것 같아서요.

크게 상관은 없습니다. 하지만 굳이 격식을 갖춰야 할 것 같다면 Do you mind if~(~한다면 불편하신가요?) 혹은 I was wondering if~(~하실 수 있을지 궁금합니다.) 같은 표현을 사용할 수 있어요. 예를 들어 '내일 7시에 만나는 것 어떨까요?'를 정중하게 물어보려면 Do you mind if we meet up at 7 p.m. tomorrow? 혹은 I was wondering if we could meet up at 7 p.m. tomorrow.라고 하면 되죠.

친구가 담배를 꺼내면서 Do you mind my smoking?이라고 물어보길래, 흔쾌히 '그럼~ 그럼~'이라고 대답했는데, 친구가 약간 혼란스러워 하더라고요. 제가 뭘 잘못했나요?

대답할 때 영어와 한국어의 메커니즘이 약간 다릅니다. 영어로 말할 땐 무조건 긍정은 Yes, 부정은 No입니다. 가장 헷갈릴 때가 'You don't like chocolate, do you?(너 초콜릿 싫어하지, 그렇지 않아?)'과 같은 질문입니다. 한국어라면 '응! 나 초콜릿 싫어해'라고 대답할 수도 있잖아요. 하지만 영어는 싫으면 무조건 No입니다. '싫어?'라고 물어봤을 때 싫으면 '응, 싫어'가 아니라 '아니, 싫어'라고 대답하는 게 맞아요. 많이 헷갈린다면 yes, no로 대답한 다음, 뒤에 부연 설명을 붙여주세요. Yes라고 대답해도 다음에 'I don't like chocolate because....(나 초콜릿 싫어해 왜냐하면...)'이라고 부연 설명을 붙인다면 말하고자 하는 바가 명확해지겠죠.

한 입으로 두 말하기

상대방의 의사 확인하기

Is that okay? / Is that alright with you? / Would that be okay with you? / Are you good with this? / Does it work for you? 그거 괜찮을까요?

What do you think? 어떻게 생각해요?

How would you do it? 어떻게 할래요?

I was wondering if I could ask you a favor. 부탁 하나 할 수 있을까요?

Do you mind if I ask you for a ride? 좀 태워다 줄 수 있어요?

Can you work with this? / Can you make this work? 이거 할 수 있어요?

Can you do it this time? 이번에 할 수 있어요?

Will you be able to make it? 해낼 수 있어요?

Can you do it another time? 다음번에 할 수 있어요?

Are you available at this time? / Are you free at this time? 지금 시간 있어요?

Is this acceptable to you? 이거 괜찮겠어요?

Does this fit into your schedule? 당신의 일정에 맞아요?

Would it be okay if I use your laptop for a minute? 잠깐 너 노트북 써도 될까?

상대방의 의사 정중하게 물어보기

If you don't mind, can you do me a favor? 괜찮으시면 부탁 들어줄 수 있어요?

Do you mind if I have a look? 제가 한 번 봐도 될까요?

Do you mind if I open the window? 창문 열어도 될까요?

I was wondering if it would be okay for us to have a meeting on Friday. 금요일에 미팅 괜찮을지 궁금해요.

I was wondering if you could help me. 절 도와줄 수 있는지 궁금합니다.

I was wondering if I could have the day off. 제가 그날 쉴 수 있을지 궁금합니다.

상대방의 의사에 대답하기

◆ 응하기

Yes. / Yeah. / Sure. / Totally. / You bet. 물론이지.

Of course. / Absolutely. / Certainly. / Definitely. / Indeed. 물론입니다.

Okay. / Alright. / For sure. / Sure thing. / By all means. 그럼요.

I'd be glad to. / I'd love that. 좋아.

No problem. / Not a big deal. 문제없어.

◆ 거절하기

I appreciate the offer, but I can't. 제안은 고맙지만, 난 할 수 없어요.

Thanks, but no thanks. 고맙지만, 사양할게.

Not possible this time. / Not this time. 이번에는 안 돼.

Not for me, thanks. 고맙지만, 난 사양할게.

Not now, but another time. 지금은 안되지만, 다음에 하자.

Not today, thanks. 오늘은 안 돼. 고마워.

Sorry, but I think I'll pass. 미안하지만, 난 사양할게.

I wish I could, but I have loads of work to do.
나도 그러고 싶은데, 일이 쌓여 있어.

Maybe another time. 다음에 할게.

I'm afraid I can't. 나 못 갈 것 같아.

I'd love to but I can't. 그러고 싶은데 못해.

Thanks for thinking of me, but I can't.
나 생각해 줘서 고맙지만, 못할 것 같아.

I'm not interested/into it, but thanks for asking.
관심 없지만, 물어 봐줘서 고마워.

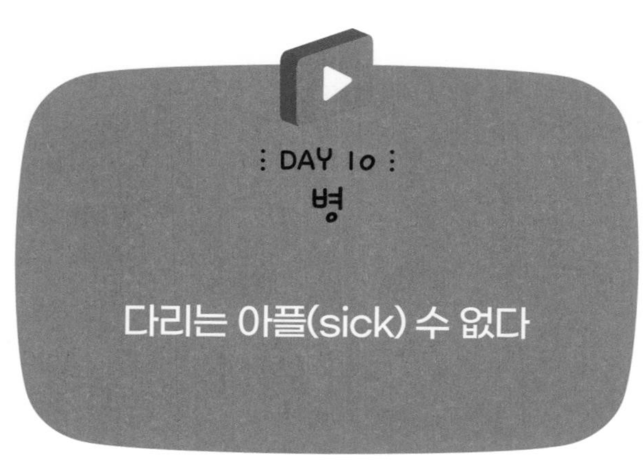
: DAY 10 :
병
다리는 아플(sick) 수 없다

무릎이 아파...
응?

유튜브 강의

영국에는 산이 별로 없어요. 한국처럼 편하게 등산할 수 있는 동네 뒷산은 정말 찾기 힘들어요. 그래서 등산을 하려면 차를 타고 산이 있는 지역까지 찾아가야 해요. 등산이 그리웠던 저는 친구와 약속을 잡고 등산을 가기로 했어요. 그런데 전날 운동을 무리해서 했는지 약속 당일에 다리가 너무 아픈 거예요. 등산을 기대하던 친구에게는 미안하지만 솔직하게 말하기로 했죠.

I'm afraid to say that my legs are very sick. What am I going to do?

이런 말해서 미안한데 나 지금 다리가 너무 아파. 어떡하지?

What do you mean? I don't understand.

응? 무슨 말이야? 이해를 못하겠어.

다리가 아프다는데 이해를 못 하겠다니. 당황해서 영국인에겐 등산이 흔치 않은 기회라서 친구가 예민하게 반응하나 싶었어요. 나중에 알고 보니 제 단어 선택이 문제였습니다. sick의 의미는 '아프다'지만, 특정 부위가 아플 때는 사용하지 않는다고 해요. 예를 들어, 컨디션이 안 좋아서 몸이 아프다고 할 때는 I'm sick.이라고 표현해도 되지만, 머리가 아플 때 My head is sick.으로는 사용할 수 없다는 말이죠. 특정 부위가 아프다고 말할 때는 hurt를 사용해야 합니다.

I'm afraid to say that my legs hurt. What am I going to do?

이런 말해서 미안한데 나 지금 다리가 너무 아파. 어떡하지?

Oh, sorry to hear that. But it is an easy mountain to climb. 아, 유감이네. 근데 그 산은 쉬운 산이래.

제가 힙합을 좋아하는데, 랩 가사에 sick이 많이 나오더라고요. 래퍼들은 왜 이렇게 자주 아픈 거죠?

여기서 sick은 '아프다'는 의미가 아닌 젊은 층이 많이 사용하는 슬랭인데요, 우리말로 찰지게 번역하면 '쩐다' 같은 거예요. ill도 마찬가지로 '아프다'는 뜻 외에 '굉장히 좋다', '쩐다'라는 의미로 랩 가사에 굉장히 자주 나오죠. 래퍼들은 swag(스웨그)가 중요하니까 이런 표현들을 자주 사용하는 거죠.

영국이나 유럽은 의료 시스템이 진짜 안 좋다고 들었는데 진짜인가요?

안 좋다고 함부로 답을 내릴 수는 없지만 제 유학 시절 경험으로는 영국을 포함한 유럽의 의료 서비스가 한국의 서비스와 비교하면 불편한 점이 상당히 많았어요. 영국에는 전 국민에게 무상 의료 혜택을 주자는 취지로 국가의료보험제도(NHS: National Health Service)가 있는데, 의료진들의 의욕과 사명감이 사라진다는 지적이 끊이지 않으며 민영화에 대한 논의가 계속되고 있습니다. 이탈리아와 스페인을 포함한 상당수의 유럽 국가들이 국가가 의료를 통제하는, 쉽게 말해 의사가 공무원인 구조입니다. 예산 부족 문제로 병원에 의료 인력이 부족하거나 의료 서비스의 질적 저하가 생기게 되죠. 영국 유학 생활을 하면서 열악한 의료 시스템 때문에 불편함을 겪은 친구들도 많았어요. 중이염에 걸렸는데 진찰받는데 3주나 걸린 경우도 있었죠. 역으로, 이런 구조적 특성 때문에 병원보다 약국이 더 발달했습니다. 한국에서는 처방전이 필요한 약도, 처방전 없이 약국에서 구할 수 있는 경우가 많아서 중증 질환이 아니라면 약국에서 약사의 조언에 따라 치료하기도 한답니다.

친구가 아프다고 해서, '아이고~', '어떡해~'라고 하고 싶었는데 이런 추임새는 영어로 어떻게 하나요?

영어로는 That's too bad.나 I'm so sorry.를 써요. '안 됐다' 정도의 의미이죠. 아픈 친구에게 '건강 관리 잘해', '몸조심해'라는 말을 하고 싶다면 Take care of your health. 또는 Take good care of yourself.라고 해요. 간단히 줄여서 Take care.라고도 하는데요, Take care.은 헤어질 때 인사말로도 많이 써요.

둘 다 '아프다'는 의미 같은데 pain과 ache는 어떻게 다른가요?

pain과 ache 둘 다 '아프다'는 뜻으로 통증을 느낄 때 쓸 수 있는데요. 약간의 차이가 있어요. pain은 극심한 통증으로 불편함을 느낄 때, ache는 참을 수 있는 통증이지만, 불편함이 지속될 때 쓰죠. ache는 headache(두통), stomachache(복통), toothache(치통)처럼 보통 신체 부위와 결합해서 쓰이죠. pain의 아픈 강도가 ache보다 훨씬 강하고 급작스럽다고 생각하면 이해가 쉬울 거예요.

한 입으로 두 말하기

증상에 대해서 말하기

◆ 두통

I have got a terrible headache. 두통이 심해요.

My head is pounding. / I have a migraine. 머리가 너무 아파.

My head is splitting. 머리가 깨질 것 같아.

My headache is getting worse. 두통이 더 심해지고 있어.

◆ 감기

I have/caught a cold. 감기 걸렸어요.

I feel chilly. 한기가 느껴져요.

I have a bad cold and ache all over. I feel under the weather. 몸살이 심하게 걸렸어요. 몸이 안 좋아요.

I have a high fever and a runny nose. 열이 많이 나고 콧물이 많이 나와요.

I have a sore throat and a cough. 목이 아프고 기침이 나요.

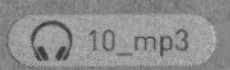

◆ 복통

My stomach hurts/aches. 속이/배가 아파요.

I'm not feeling well in my stomach. 속이 안 좋아요(배탈 났어요).

My symptoms are vomiting and nausea. 속이 안 좋고 구토 증상이 있어요.

I have been suffering from a bad stomachache and diarrhea. 심한 복통과 설사로 시달리고 있어요.

◆ 소화불량

I have indigestion. 소화가 안돼요.

I think my lunch has upset my stomach. 점심 먹고 체한 것 같아요.

I feel bloated. / My stomach gets bloated after eating too much greasy food. 기름진 음식을 너무 먹어서 속이 더부룩해요.

I feel like vomiting/throwing up because I can't digest my lunch. 점심 먹은 게 소화가 안돼서 토할 것 같아요.

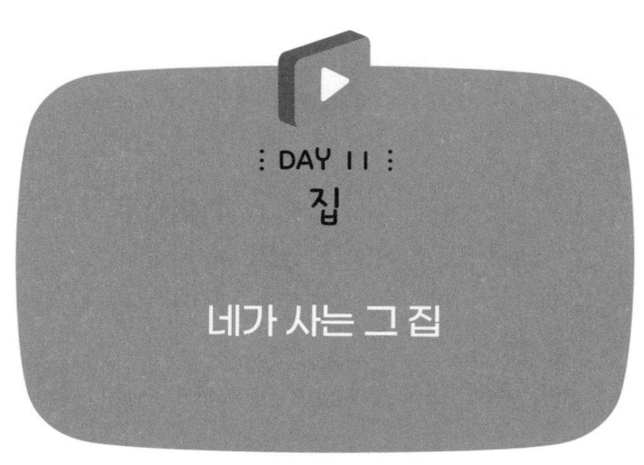
: DAY 11 :
집
네가 사는 그 집

유튜브 강의

엥?
저기가
내 집이지!

대학 졸업 학기 때는 거의 도서관에 살다시피 했습니다. 그래서 도서관 앞을 지날 때면 친구들끼리 도서관을 가리키며 습관처럼 농담으로 하던 말이 있죠. '이젠 도서관이 집이나 다름없어.'라고요. 어느 날은 저도 친구 말에 맞장구를 쳤는데, 친구의 반응이 떨떠름하더군요.

Central library, that's my home.
중앙 도서관, 내 집 같은 곳이지.

Yeah same. That's my house.
나도 똑같아. 저게 내 집이야.

You are kidding bro. How can that be your house? 에이, 농담하지 마. 저게 어떻게 너희 집이야?

home과 house는 둘 다 '집'이지만 home은 추상적인 의미고 house는 물리적인 의미입니다. home은 내가 편안함을 느끼는 장소, 즉 '가정'이라는 의미에 가깝지만 house는 건물 그 자체로의 집을 의미하죠.

Central library, that's my home.
중앙 도서관, 내 집 같은 곳이지.

Yeah, I feel the same. That's my home.
응 나도 그래. 마음의 고향이야.

This year, I don't have much memory of my house at Stockport. I don't even feel it is my real home. 이번 년도에는 스톡포트에 있는 우리 집에 대한 기억이 많이 없어. 심지어 내 집(마음의 고향)같은 느낌도 안 들어.

처음 만난 친구한테 친해지려고 어디 사냐고 물어봤는데, 혹시 실례일까요?

한국에서는 처음 보는 사이에도 거리낌 없이 어느 지역에 사는지 물어보잖아요. 동향이거나 같은 지역에 살면 좋은 대화 소재가 되니까요. 그래서 저도 영어를 처음 배웠을 때 아무 생각 없이 어디 사는지를 그렇게 묻고 다녔죠. 그런데 개인의 프라이버시가 중요시되는 서양 문화권에서는, 이렇게 물어보면 특별한 의도 특히, 이성적인 호감이 있어서 물어본다고 오해를 받을 수도 있어요. 그래서 처음부터 개인 정보나 사생활에 관련된 주제를 꺼내는 것은 추천하지 않습니다. 날씨, 취미, 관심사, 영화 등과 같은 보편적인 주제로 대화를 시작하는 건 어떨까요?

외국에서도 우리나라처럼 부동산 열풍인가요?

유럽인들의 경우, 집을 꼭 매매해야 한다고 생각하지 않아요. 그래서 많은 사람들이 월세로 살죠. 영화에서 흔히 보는 정원 딸린 이층집도 월세인 경우가 많습니다. 벼락부자가 되지 않는 이상, '내 집 소유'는 3대에 걸쳐서 한다고 생각해요. 조부모가 월세로 살면서 돈을 열심히 모아서 정착하고, 부모가 돈을 모아 집을 매매하고 자식에게 물려주는 거죠. 외국인들이 놀라는 한국의 부동산 문화 중 '전세' 문화가 있는데요. 외국에선 우리나라 같은 전세 대출 제도가 없기 때문에, 우리처럼 은행에서 큰돈을 빌려서 전세금으로 쓴다는 것에 충격을 받더라고요. 우리나라는 전세 제도가 잘 되어 있기 때문에 월세로 다달이 나갈 돈을 줄여서, 집을 매매하는 것이 상대적으로 쉬운 것 같아요.

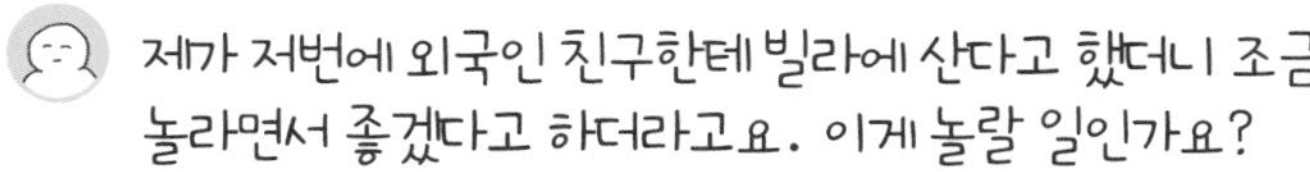

제가 저번에 외국인 친구한테 빌라에 산다고 했더니 조금
놀라면서 좋겠다고 하더라고요. 이게 놀랄 일인가요?

우리나라에서는 다세대 주택을 빌라(villa)라고 하잖아요. 그런데 영어로 villa는 정말 호화로운 고급 별장이나 고급 아파트를 말해요. 아마 외국인 친구가 고급 별장을 떠올리며 놀라지 않았나 싶어요. 비슷한 예로, 우리나라의 연립 주택 이름 뒤에 맨션(mansion)이 많이 들어가잖아요? 외국에서 mansion은 일반 주택이 아닌 아주 비싼 고급 단독 주택을 말하죠. 빌라를 영어로 말하고 싶다면, apartment라고 해도 무방하고요, 영국식으로는 flat이라고도 합니다.

저는 옥상에 딸린 작은 옥탑방에 사는데, 사전에 찾으니 penthouse라고 나오더라구요. 펜트하우스에 산다고 해도 되나요?

우리나라의 주거 문화를 잘 안다면 이해하겠지만, '옥탑방'을 한 번도 보지 못했다면 아마 오해를 할지도 몰라요. penthouse나 rooftop house는 보통 고층 아파트나 건물의 최상층에 위치한 공간을 말하거든요. 그래서 외국 친구에게 '나 빌라에 살아'하면 고급 별장에 산다고 오해하는 것처럼 서로 전혀 다른 이미지를 떠올릴 수도 있죠.

한 입으로 두 말하기

사는 곳 물어보기

Where do you live? 어디에 사세요?

Where is your place/home/house? 집이 어디에요?

Do you live nearby/near here? 근처에 사시나요?

Are you on your own, or do you have a roommate? 혼자 사세요, 아니면 룸메이트가 있으세요?

Do you live in a house or an apartment? 단독 주택에 사세요, 아파트에서 사세요?

What's your living situation like? 지금 살고 계신 환경 어때요?

사는 곳에 대해서 말하기

My place is next to the Central Library. 내가 사는 곳은 중앙도서관 근처야.

I live in a small studio apartment. 전 작은 원룸에서 살아요.

I live in the dormitory on campus. 저는 대학 기숙사에서 살고 있어요.

I live in a house. 전 단독 주택에서 살아요.

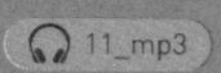

It's a single-story house. 1층짜리 집이에요.

I live in Manchester Apartments.
전 맨체스터 아파트에서 살고 있어요.

The rent is really high in my area. 저희 동네 집세가 정말 비싸요.

My place is so cozy. 내 집은 정말 아늑해.

It's quiet and peaceful where I live.
제가 사는 곳은 조용하고 평화로운 곳이에요.

It's so annoying to have noisy neighbors. They are party animals.
내 동네 이웃들은 시끄러워서 정말 짜증나. 파티광들이야.

It's a lot roomier than my old apartment.
예전 아파트보다 훨씬 더 넓어.

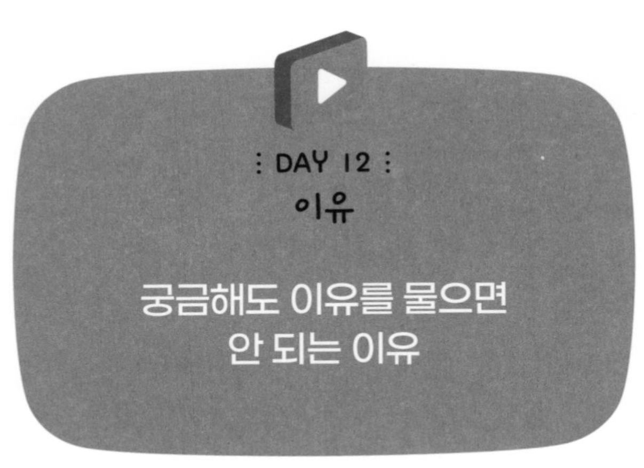

: DAY 12 :

이유

궁금해도 이유를 물으면 안 되는 이유

어느 날 영국인 친구가 제게 직장을 그만뒀다고 말하더라고요. 어쩌다가 직장을 그만두게 된 건지, 무슨 안 좋은 일이 있었던 건 아닌지 걱정되어 왜냐고 물어봤죠. 그랬더니 친구가 조금 당황하더라고요. 말하기 껄끄러운 일이 있었던 걸까요?

I finally quit my job.
나 결국 직장을 그만두게 됐어.

Why?
왜?

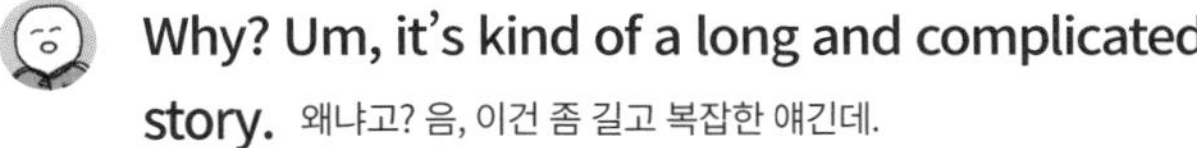

Why? Um, it's kind of a long and complicated story. 왜냐고? 음, 이건 좀 길고 복잡한 얘긴데.

이유를 묻는 why라는 표현이 틀린 건 아니지만 듣는 사람의 입장에서는 사실적인 이유를 따져 묻는 느낌을 받을 수도 있어요. 안 좋은 사정이 있을 수도 있는데, 다짜고짜 '왜?'라고 물으면 다소 무례하게 들릴 수도 있죠. 이런 상황에서는 더 부드럽게 How come?(어쩌다가?)을 사용하는 게 낫습니다.

I finally quit my job.
나 결국 직장을 그만두게 됐어.

Really? How come?
정말? 어쩌다가?

It's a long story, but I want to start my own business. 얘기하자면 길어, 근데 나는 내 사업을 시작하고 싶어.

외국인 친구 말을 못 알아들을 때 '뭐라고?'라는 의미로 What?이라고 했더니, 그거 무례한 거라고 하더라고요. 왜죠?

우리는 상대방의 말을 놓쳤을 때, 혹은 잘 못 알아들었을 때 무의식적으로 '뭐라고?', '응?'이라고 되묻죠? 그래서 영어로도 같은 상황에서 What?이라고 묻는 분들이 정말 많아요. 그런데 이 말은 우리말로 치면 '뭐?'라고 하는 것과 비슷합니다. 다소 예의 없게 들릴 수 있죠. What?보다는 I'm sorry?(네?), Could you say that again?(다시 말해 줄 수 있나요?) 혹은 Come again?(다시 말해 줄래?)와 같은 표현이 적절합니다. 말은 알아들었는데, 무슨 말을 하는지 요점을 놓쳤을 때도 있죠? 그때는 What do you mean by that?(그게 무슨 말이야?) 혹은 I'm sorry, but I didn't get your point.(미안한데 요지를 잘 모르겠어.)라고 정중하게 말하면 돼요.

친구한테 크리스마스에 뭐 하는지 물었는데, 왜 묻냐고 하더라고요. 사실 별생각 없이 물어본 거라서 '그냥~'이라는 의미로 Just.라고 했거든요. 근데 못 알아듣더라고요. ㅠㅠ

우리말로 '그냥~'을 영어로는 Just because.라고 해요. Just라고만 하는 경우가 정말 많은데, 꼭 Just because까지 써야 완성된 표현이에요. No reason.(별 이유 없어.), Just curious.(그냥 궁금해서.)라고 해도 되고요.

만날 때마다 제 개인사를 꼬치꼬치 묻는 친구가 있어요. 악의는 없는 것 같아서 센스 있게 대답을 피하고 싶을 땐 뭐라고 해야 하죠?

너무 뜬금없는 주제가 아닌, 비슷한 주제로 상대방에게 질문을 던지면 어떨까요? 화제를 상대에게 돌리는 거죠. 상대의 말이 끝난 후엔 Anyway,(그건 그렇고 말야)하면서 아예 새로운 주제를 꺼내면 화제가 자연스럽게 전환되죠. 그런데도 집요하게 물어본다면 직접적으로 I'm sorry. I don't want to talk about it.(미안해. 그것에 대해 말하고 싶지 않아.), Please, don't remind me.(상기시키지 말아줘.)라고 말해서 의사를 표현하세요. 상대방도 '무슨 사정이 있어서 말하기 싫어하는구나'하고 알아차릴 거예요.

한 입으로 두 말하기

이유 묻기

Why is that? 왜 그런 거야?

How come? / How come you decided to quit your job? 어쩌다가? / 어쩌다가 직업을 관두기로 한 거야?

I wonder why you finally quit the job. 네가 왜 결국 직업을 관뒀는지 궁금해.

·· 역시나 why는 대답을 꼭 들어야만 할 것 같은 어조이기 때문에 무작정 사용하면 갑분싸 될 수도 있습니다.

Why don't you come in? 들어오지 않을래?

·· 'Why don't you ~'는 부드럽게 권유하는 표현으로서 정말 많이 사용합니다.

Why do I have to study English? 왜 내가 영어를 꼭 배워야만 하는데?

·· have to(~해야 한다)의 의문형입니다.

이유 말하기

The reason is that I was so tired yesterday.

이유는 어제 내가 너무 피곤했기 때문이야.

·· that 뒤에 이유를 설명하면 됩니다.

That's because I have been so sick of my current job.

그건 내가 지금 직업에 완전 질려버렸기 때문이야.

·· because 뒤에 이유를 설명하면 됩니다.

That's why I decided to marry her.

그게 내가 그녀와 결혼을 결심하게 된 이유야.

·· why 뒤에 이유를 설명하면 됩니다.

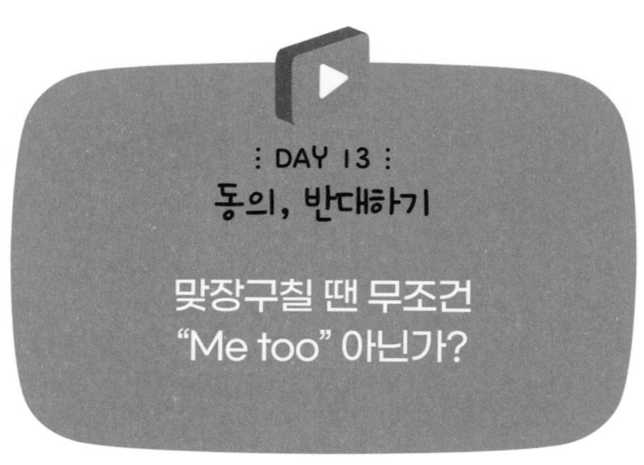

: DAY 13 :
동의, 반대하기
맞장구칠 땐 무조건
"Me too" 아닌가?

친구와 함께 아이스크림을 사 먹으러 간 적이 있어요. 다양한 맛 중에 뭘 먹을까 고민하다가 친구가 자긴 딸기 맛을 싫어한다고 하더라고요. 저도 딸기 맛을 별로 안 좋아해서 Me too.(응, 나도.)라고 했는데 친구가 헷갈려 하더라고요. 동의할 때는 묻지도 따지지도 않고, Me too. 아니었나요?

I don't like strawberry flavor.
난 딸기 아이스크림 별로 안 좋아해.

Oh, me too!
오, 나도!

So, do you like it or not?
그래서 좋다는 거야 싫다는 거야?

친구의 설명으로는 Me too.가 동의하는 표현이 맞긴 하지만 이 표현은 상대방이 긍정문으로 말했을 때만 사용할 수 있다고 해요. 친구는 딸기 맛을 '안 좋아'한다는 부정문으로 말했기 때문에 Me neither.(나도 싫어해.)이라고 부정의 동의 표현을 사용해야 하는 거죠.

I don't like strawberry flavor.
난 딸기 아이스크림 별로 안 좋아해.

Me neither. I prefer vanilla flavor.
나도 안 좋아해. 나는 바닐라 맛을 좋아해.

Me too! We have something in common.
나도 그래! 우린 공통점이 있구나.

동의할 때 So do I.도 쓰던데 Me too와의 차이점은 뭔가요?

같은 표현인데 저는 So do I.를 선호해요. 더 격식을 갖춘 표현이기 때문이에요. Me too.는 친한 사이에서 캐주얼하게 사용하는 표현이고, 어린아이들이 많이 쓴다고 인식하는 편이기도 하고요. So do I.와 So am I.를 헷갈릴 수도 있는데요, 둘의 차이점은 단순합니다. am은 be동사고 do는 일반 동사잖아요. 그래서 상대가 be동사를 사용해서 말했다면 So am I.로 동의를 해야 하고, 일반 동사를 사용해서 말했다면 So do I.를 사용해 동의하면 됩니다.

제 말에 친구가 fine이라고 했는데, fine의 뜻은 '좋다'잖아요, 근데 표정은 그게 아니었거든요. 마지못해 동의하는 느낌이랄까…

그렇게 느껴졌다면, fine의 의미를 아주 잘 파악한 거예요. 마지못해 동의할 때 fine을 자주 쓰거든요. fine은 '좋다', '괜찮다'는 의미도 있지만, 마지못해 수락할 때나 더 이상 언쟁하고 싶지 않을 때 이쯤에서 넘어가자는 뉘앙스로 많이 써요. 그래서 Fine.을 말하는 표정이나 톤을 보고 어떤 뉘앙스인지 파악해야 해요. Sure.도 마찬가지예요. 우리말로는 '물론이지'이지만, '알겠으니 이쯤에서 넘어가자'라는 뜻이 되기도 하거든요. 이 역시 목소리나 표정을 보고 알 수 있죠.

친구와 이야기를 하다가 의견이 부딪혔어요. 제가 조금 세게 말한 것 같아서 상처를 받은 것 같은데, 상대와 의견이 다를 때 완곡하게 얘기하는 방법 없나요?

각자 생각이 다 다르니까 의견이 부딪히는 건 당연한 일이에요. 그렇다고 매번 부딪히는 것을 피할 순 없으니, 서로 상처받지 않으면서 의견을 피력할 수 있는 적당한 화법을 알아두면 좋을 것 같아요. I disagree with you.(난 네 말에 동의 안 해.)라는 말을 직접적으로 하기보다는 No offense.(기분 상하게 하려는 건 아냐.), You know I don't mean to offend.(기분 상하게 하려고 한 건 아닌 거 알지?) 이런 표현들을 덧붙여보면 어떨까요?

상대의 말에 동의할 때 맞장구칠 때, 네이티브들이 자주 쓰는 표현은 뭐가 있나요?

가장 흔하게 쓰는 표현으로는 Same.이 있어요. 생각이 '같다'는 의미의 간단한 표현이죠. 비슷한 표현으로 Same here.도 있고요. Agree.(동의하다), Agreed.('원래부터 동의했다'는 어감)도 자주 써요. 가장 무난한 표현으로는 I think so, too.(나도 또한 그래.)도 있어요. 이 정도만 알고 있어도 맞장구치는 건 충분하겠죠?

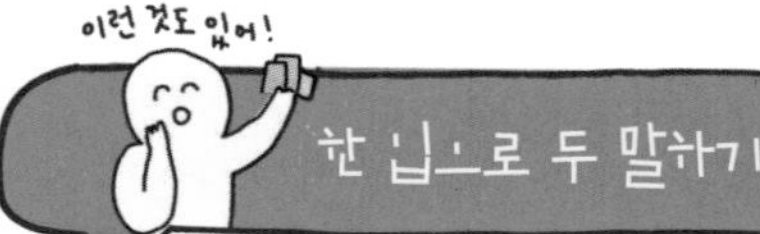

생각, 의견 물어보기

What do you think? 넌 어떻게 생각해?

What's your opinion? 넌 어떻게 생각해?

What do you say? 뭐라고 할 거야(넌 어떻게 생각해)?

What are your thoughts on my idea? 그 아이디어에 대해 어떻게 생각해?

How do you feel about plastic surgery? 성형 수술에 대해서 어떻게 생각해?

동의하기

◆ 일반적으로 자주 쓰이는 동의 표현

Yes. / Yeah. / Uhuh. 응/그래.

You are right. 당신 말이 맞아요.

I agree (with you). 네 말에 동의해.

So do I. / Me too. 나도 그래.

Yeah, that's true. 응, 그거 맞아.

I see exactly what you mean. 네가 무슨 말을 하는지 정확히 알겠어.

◆ 상대방의 말에 완전 동의할 때

Totally! / Exactly! / Absolutely! / Definitely! 응, 완전!

You bet! 물론이지!

You said it. 바로 그거야.

·· 내가 하려고 했던 말을 상대가 해서 마음이 맞을 때 쓰는 표현입니다.

Tell me about it! / You're telling me! 그러니까!

You can say that again! 정말 그래!

·· 위 문장들을 직역하면, Tell me about it!는 '그것에 대해 말해봐!'로 You can say that again!을 '넌 그걸 다시 말할 수 있어!'로 해석할 수 있습니다. 물론 문맥에 따라서 이렇게 해석될 수도 있지만, 상대방의 말에 완전 동의하는 경우에서 '다시 말해도 좋을 말이야!'라는 의미로 자주 쓰이는 표현입니다.

I completely agree with you. 완전 동의해.

I couldn't agree with you more. / I couldn't agree more on this. 대찬성이야.

반대하기

No way! 말도 안 돼!

You can't be serious! 진심은 아니겠지!

You must be joking! 장난치는 거지!

I don't think so. 난 그렇게 생각 안 해.

I disagree. 동의할 수 없어.

I don't agree with you. 난 너의 말에 반대해.

Well, I'm not sure about that. 글쎄, 그건 확실히 모르겠어.

Yeah, but that's not true. 응, 근데 그건 그렇지 않아.

I'm not sure I agree with you. 동의할 수 없어.

I'm sorry, but I don't agree with you. / I'm afraid I disagree with you. 미안하지만 나는 너의 말에 동의하지 않아.

·· 상대방의 반대할 때, 상대방의 말에 일부분 동의하는 경우에 쓸 수 있는 표현도 있어요.

I see what you're saying/I see your point, but I disagree. 무슨 말인지 아는데, 난 네 의견에 동의하지 않아.

You have a point there, but it's not very convincing.

네 말도 일리가 있지만, 충분한 설득력이 있지는 않아.

You could say that it's an easy problem to solve, but it's more difficult than you think.

넌 해결하기 쉬운 문제라고 말할 수도 있겠지만, 네가 생각하는 것보다 더 어려워.

PART 2

문화를 몰라서 하는 영어 실수

어느 정도 영어 실력이 있어도 영어 실수를 할 때가 있습니다. 바로 문화적 차이를 이해하지 못했을 때인데요, 문화적 차이를 인지하지 못하면 의도치 않게 상대에게 결례를 범할 수도 있습니다. 이번 파트에서는 영어권 국가의 문화를 잘 몰라서 범하는 영어 실수를 알아봅니다.

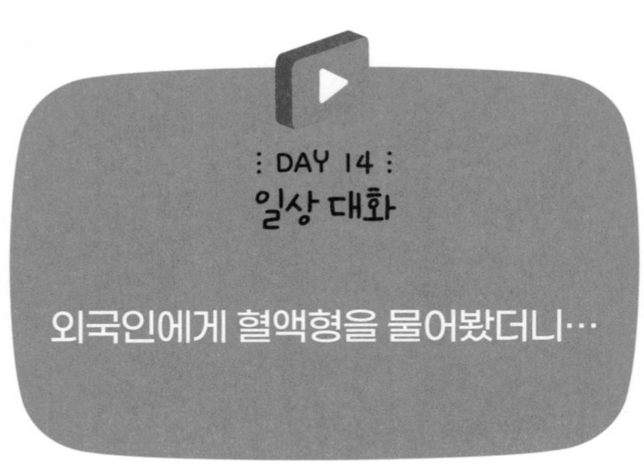

: DAY 14 :

일상 대화

외국인에게 혈액형을 물어봤더니…

유튜브 강의

한국에서는 친구들과 혈액형 별 성격 유형에 대해서 얘기하곤 했어요. 물론 순전히 재미로만 하는 거죠. 어색한 분위기를 풀어줄 수 있는 좋은 주제 중 하나거든요. 영국 대학교 입학해서 첫 수업을 들은 날이었어요. 옆자리에 영국인이 앉아있었는데, 처음 본 사이니 분위기가 어색했죠. 그 친구와 친해지고 싶어서 저는 한국에서 했던 것처럼 혈액형을 물어봤어요. 그런데 예상치 못했던 반응이 돌아왔습니다.

Can I ask what blood type you are?

당신 혈액형이 뭔지 물어봐도 되나요?

Sorry? Well... I have never thought about it.

네? 글쎄요... 생각해 본 적 없는데요.

혈액형을 모른다니! 생각지도 못한 반응이었어요. 한국인들은 대부분 자신의 혈액형을 알잖아요. 그래서 혈액형이 흔한 대화 소재이기도 하고요. 하지만 외국 사람들은 자신의 혈액형을 모르는 경우가 많습니다. 태어나서 검사도 하고 정기검진이 있을 때마다 혈액형을 확인할 수 있지만 중요하게 생각하지 않는다고 해요. 그래서 혈액형을 물어보면 조금 섬뜩하게(?) 들릴 수도 있다고 해요. 이때, 문화 차이를 알려 주면 좋겠죠? 이로 인해 대화가 더욱 흥미로워질 수 있고요.

Can I ask what blood type you are? Because in Korean culture, some people think personality is related to blood type.

당신 혈액형이 뭔지 물어봐도 되나요? 한국 문화에서는, 몇몇 사람들이 혈액형과 성격이 연관되어 있다고 생각하거든요.

Oh, interesting! But I don't know my blood type. 오, 흥미롭네요! 그런데 저는 제 혈액형에 대해서 전혀 몰라요.

베플 둘러보기

혈액형 말고 문화 차이 때문에 질문을 꺼리는 주제가 또 있을까요?

가장 대표적인 것이 나이입니다. 서양 문화권에서 나이는 프라이버시라고 생각하고 그에 의한 위계질서가 거의 없어서 굳이 나이를 물어보지 않습니다. 굳이 나이를 묻고 싶다면 내 나이를 먼저 말하며 간접적으로 물어보는 방법이 낫습니다.

• Anyway, I was born in 1991. 그나저나, 저는 1991년생이에요.

제가 마돈나를 좋아해서 영어 이름을 '마돈나'라고 지었는데, 제 소개를 하면 외국인 친구들이 웃더라고요. 아무리 영어 이름을 알려 줘도 한국 이름을 부르기도 하고요. 뭐가 이상한 걸까요?

저도 겪은 일이에요. 제 외국인 친구들도 원래 이름을 놔두고 굳이 왜 영어 이름을 쓰는지 물어보더라고요. 게다가 그 이름이 이미지와 어울리지 않는 이름이라면 더욱 그렇죠. 우리도, 노란 머리, 파란 눈의 외국인이 '내 이름은 승준이야.'라고 하면 조금 어색하게 들리듯 말이에요. 저는 특별히 사용해야 하는 경우가 아니라면 영어 이름을 굳이 사용할 필요 없다고 생각해요. 이름은 정체성을 담고 있는 고유명사잖아요. 평생 사용해온 이름에서 자연스럽게 고유의 정체성이 묻어 나오지 않을까요? 다만 외국인들이 부르기 어려운 발음의 이름이라면 이름을 조금 바꿔서 만드는 방법을 추천합니다. 예를 들면 다음과 같아요.

민재: Jay, 승준: Jun, 지윤: Yoon, 동훈: Hoon, 서진: Jin, 민호: Min

혈액형처럼 신선한 아이스 브레이커가 될 만한 주제가 뭐가 있을까요?

우리나라에서는 '나도 유튜브나 할까?'하면서 취미나 관심사 얘기를 나누잖아요. 서양에서는 '넷플릭스'가 '유튜브'만큼 핫한 키워드입니다. '넷플릭스 뭐가 제일 재미있어? (Which Netflix series do you like best?)'나 '어떤 넷플릭스 캐릭터가 네 이상형이야? (Which Netflix character is your soulmate?)'라고 물으면 대화 주제를 풍성하게 만들 수 있죠. 그만큼 외국에서는 넷플릭스를 많이 봐서 이미 하나의 문화가 되었다고 해도 과언이 아닙니다. 넷플릭스에 관심이 별로 없더라도 '넷플릭스 뭐가 제일 재미있어?'라는 질문으로 대화를 시작해 보세요. 여담으로 요새 영미권 원어민들 사이에서는 '넷플릭스 보면서 쉬자 (Let's Netflix and chill)'라는 표현이 핫한데요, 이 말은 우리나라의 '라면 먹고 갈래?' 같은 의미도 있다고 합니다. ㅎㅎㅎ

혹시 외국에도 한국인들의 혈액형처럼 유사 과학이나 속설을 기반으로 한 재미있는 이야깃거리가 있나요?

가장 대표적인 것으로는 '별자리'가 있어요. 우주 별자리와 천문학적 현상들이 인간 세계와 연관이 있다고 믿는 '점성술'에 기반한 것이죠. 별자리마다 성격 특성이나 미래 운세가 다르다고 하는데요. What's your sign?이라고 물으면 '별자리가 뭐야?'라고 묻는 거예요. 이런 유사 과학이나 속설들은 어디까지나 재미있는 이야깃거리이므로 너무 진지하게 받아들이진 마세요!

한 입으로 두 말하기

정적 깨기 (아이스 브레이킹)

▶ 누구나 첫 만남에선 어색함을 느낄 수 있습니다. 서먹한 분위기를 깨기 위해서는 '아이스 브레이킹'이 매우 중요하죠. 가장 좋은 '아이스 브레이커'는 일상이나 취향에 관련된 가벼운 주제입니다.

◆ 일상에 관한 질문

What do you think of the weather? 날씨 어떤 것 같아요?

What's your week been like? 이번 주 어땠어요?

Any plans for the weekend? 주말에 어떤 계획 있어요?

What is your favorite thing to do by yourself? 혼자서 뭐 하는 걸 좋아해요?

Do you enjoy outdoor activities? 야외 활동 좋아하세요?

What is your favorite sport? 즐겨 하는 운동이 뭔가요?

Do you collect anything? 수집하는 거 뭐 없어요?

Do you have any pets? 반려동물 기르시는 거 있으세요?

What is your favorite possession? 당신의 최애템은 뭐예요?

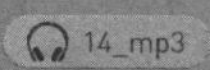

◆ 취향에 관한 질문

What are you interested in? 어떤 거에 관심 있어요?

What is your favorite movie? 가장 좋아하는 영화가 뭐예요?

What is your favorite type of music? 어떤 음악 좋아해요?

What is your favorite TV show?
가장 좋아하는 TV 프로그램은 뭐예요?

What's your favorite scent? 가장 좋아하는 향이 뭐예요?

Best book you've ever read?
지금까지 읽은 책 중에 제일 좋았던 책은 뭐예요?

Which do you prefer, dogs or cats?
고양이와 개 중 어느 쪽을 좋아하세요?

Which do you prefer, iPhone or Samsung?
아이폰과 삼성 중에 어느 쪽을 선호하세요?

◆ 여행에 관한 질문

Are you on holiday in Korea?
한국에는 휴가로 왔어요? (한국에서 외국인을 만났을 때)

What is your vacation plan? 휴가 계획 있어요?

Have you ever been out of the country?

외국에 나가 본 적 있어요?

What's the best trip you've ever taken?

가본 여행 중에 가장 좋았던 여행은 뭔가요?

What is your favorite vacation spot?

가장 좋았던 여행지는 어디인가요?

◆ 음식 및 요리에 관한 질문

What did you eat for breakfast?

아침에 뭐 드셨어요?

What is your favorite breakfast food?

가장 좋아하는 아침 식사는 뭐예요?

What's the weirdest food you've ever eaten?

지금까지 먹었던 음식 중 가장 이상했던 음식은 뭔가요?

What is one of your favorite local restaurants?

가장 좋아하는 지역 식당 중 한 곳은 어딘가요?

How many cups of coffee or tea do you have each morning?

아침마다 커피나 차를 몇 잔이나 마시나요?

Do you like cooking?

요리 좋아하세요?

What is something you are great at cooking?

잘하는 요리는 뭔가요?

◆ 일에 관한 질문

What do you do? 무슨 일을 하세요?

How do you like your job? 직장 생활 어때요?

What's the hardest part about working for you?
일하면서 가장 힘든 건 무엇인가요?

What is the worst job you have ever had?
당신이 가졌던 최악의 직업은 무엇인가요?

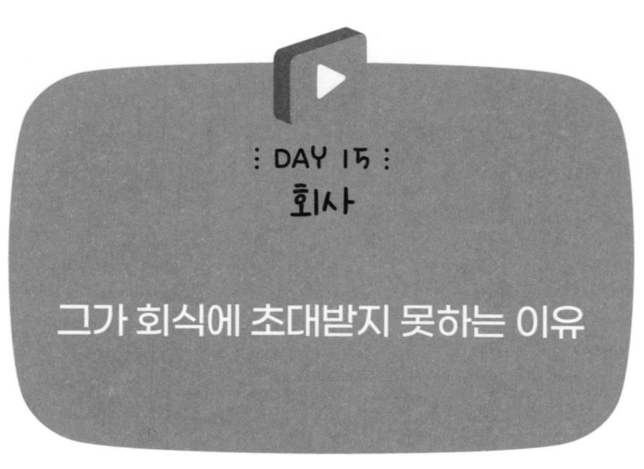

: DAY 15 :

회사

그가 회식에 초대받지 못하는 이유

영국 회사에서 인턴으로 일한 한국인 친구의 사연입니다. 이 친구의 로망은 퇴근 후 다 같이 모여 회식하는 것이었어요. 그런데 두 달이 지나도록 회식하자는 얘기가 없었다고 해요. 혹시 나만 빼고 회식하는 건 아닐까 온갖 상상에 휩싸인 친구는 결국 직접 나서서 회식을 주최해 보기로 합니다.

Do you want to go out for dinner this week?

이번 주에 회식해도 되나요?

Dinner? It sounds good to me!

저녁이요? 좋죠!

Are any other co-workers coming?

다른 팀원들도 오나요?

With us? I guess they might be busy....

다 같이요? 제 생각에 다들 바쁠 것 같은데....

영미권에는 개인주의가 발달해서 친한 동료끼리 밥이나 술을 하는 건 몰라도, 반강제(?)로 모두가 참석해야 하는 회식은 거의 하지 않는답니다.

In Korean company culture, members of a company frequently gather together and have some food and drinks.

한국 회사 문화에서는요, 회사 직원들이 종종 함께 모여서 음식도 먹고 술도 마셔요.

Sounds interesting!

흥미롭네요!

두리번 두리번

베플 둘러보기

친구의 월급을 물어보는 건 실례인가요?

동서고금을 막론하고 실례일 가능성이 큽니다. 같은 직종에 종사하는 사람끼리라도 월급을 물어볼 이유는 없습니다. 만약 서로 월급 차이가 많이 난다는 걸 알게 되면 기분이 상하기도 하고, 월급의 액수로 그 사람의 가치를 판단할 수도 있거든요. 굳이 물어봐야 한다면, 아래와 같은 방식으로 돌려서 질문하는 것이 좋습니다.

- Are you satisfied with your salary? 월급에 만족하세요?
- How much is your dream salary? 꿈의(희망) 월급이 얼마세요?

미국 사람들은 일할 때 점심을 안 먹는다고 하던데 사실인가요?

미국 회사원들의 경우, 우리나라와 점심 문화가 많이 다르다고 해요. 영화나 미드에서 회사원들이 앉은 자리에서 샌드위치를 먹으며 일하는 거 많이 보셨죠? 점심시간이 1시간으로 정해진 우리나라와는 달리 미국은 보통 30분 길면 1시간가량이구요, 따로 정해진 점심시간도 없다고 해요. 그래서 밖에서 점심을 먹기보다는 샌드위치나 간단한 도시락을 싸 오는 경우가 많습니다.

외국에도 '꼰대'가 있나요? 우리말 '꼰대'나 꼰대 같은 성격은 영어로 어떻게 표현하나요?

흔히 서양인들은 나이에 상관없이 모두가 수평적으로 지낼 것 같다고 생각하지만, 외국에도 꼰대가 존재합니다. 영어로는 boomer라고 하는데요, 베이비붐(baby boom) 시대에 태어난 중장년층을 boomer라고 부르는 거죠. 자기의 의견을 굽히지 않고 부하 직원이나 팀원들에게 강요하는 특징을 영어로는 stubborn(고집 센), authoritative(권위적인) 정도로 표현할 수 있습니다.

영국에서 가장 인기 있는 직업은 무엇인가요?

얼마 전 영국인들을 대상으로 한 조사에 의하면 영국인들 사이에서 가장 인기 있는 직업은 회계사(accountant)라는 결과가 나왔어요. 2위는 운동선수(athlete), 3위는 기계공학자(mechanical engineer)였습니다. 한 나라에서 가장 인기 있는 직업은 보통 그 나라의 대표적인 산업과 밀접한 연관이 있는데요. '영국'은 금융업과 축구 산업이 발달했기 때문에 회계사와 운동선수가 가장 인기 있는 직업으로 뽑힌 것 같아요.

한 입으로 두 말하기

상대방의 직업 물어보기

What do you do (for a living)? 어떤 일을 하세요?

What kind of work are you in? 어떤 분야의 일을 하고 계세요?

Where do you work? 어느 회사에 다니세요?

자기 일에 대해 말하기

I'm out of work these days. 나는 요새 일을 쉬고 있어.

I'm looking for a job. 저는 직업을 찾고 있습니다.

I work in English education. 전 영어 교육 분야에서 일하고 있어요.

I am a teacher. / I work as a teacher. 전 선생님이에요.

I have a part-time job. 저는 알바 해요.

I'm studying business management to run my own company in the future.
저는 나중에 제 회사를 운영하기 위해 경영을 공부하고 있어요.

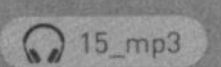

회사에서 자주 듣는 표현

When did you say the next meeting was?
다음 회의가 언제라고 했었지?

We are going to have the meeting at 2 p.m. tomorrow.
우리 내일 오후 2시에 회의할 거야.

Did you arrange a meeting/an appointment with Chris for Thursday morning?
목요일 아침에 크리스와 약속 일정 잡았어?

Let me check my schedule/calendar. 일정 확인해 볼게.

I need to put off writing the report until next Friday.
다음 주 금요일까지 보고서 작성을 미뤄야겠어.

How are your preparations for your presentation going? 프레젠테이션 준비는 어떻게 돼가요?

Keep up the good work! 계속 열심히 하세요(수고하세요)!

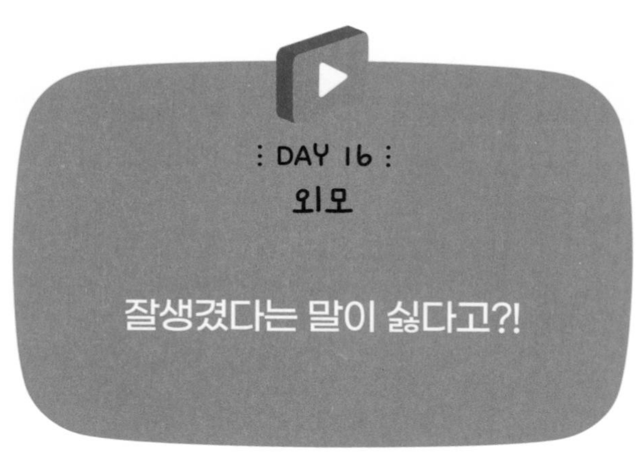

: DAY 16 :

외모

잘생겼다는 말이 싫다고?!

영국에서 저의 유일한 낙은 운동이었습니다. 헬스를 좋아하기도 했지만, 외국인 친구들과 함께 운동하는 게 너무 즐거웠어요. 하루는 친구와 운동을 하다가 거울을 봤는데 친구가 그날따라 몸도 많이 좋아졌고 잘생겨 보이는 거예요. 그래서 칭찬해 주었습니다.

These days, you are handsome.
너 요새 좀 잘생겼다.

Dude, I'm straight.
얌마, 나 이성애자야.

친구가 오늘따라 잘생겨 보일 수도 있는 거잖아요? 근데 뭐가 문제였을까요? 친구의 말을 들어보니 handsome은 상대에게 직접적으로 사용하는 단어는 아니래요. 다른 사람의 외모를 제3자가 칭찬하거나 묘사할 때 주로 사용한다고 해요. 직접적으로 칭찬을 하고 싶다면 look good(좋아 보인다)이라는 표현을 사용합니다.

These days, you are looking good.
너 요새 좋아 보인다.

I'm taking personal training sessions these days. And the PT is making me do a powerlifting workout. 나 요새 PT 받잖아. 그리고 PT에서 역도 운동 시키거든.

Interesting, I think you're as handsome as Jimmy now.
흥미롭네, 너 이제 지미처럼 잘생겨진 것 같아.

외국인들이 생각하는 한국인의 외적 매력은 뭐가 있나요?

우선 피부가 있습니다. 많은 서양인들이 동양인의 피부를 부러워해요. 상대적으로 덜 주름지고 주근깨도 잘 생기지 않는다고요. 나이에 비해 어려 보이는 것도 많은 서양인이 부러워하는 점이죠. 또, 몸에서 나는 냄새가 있습니다. '액취증'이라고 하는데요, 대부분의 서양인들이 액취증 유전자를 가지고 있습니다. 반대로 대부분의 동양인은 이 유전인자가 거의 없다고 해요. (편견이 아니라 과학적 사실입니다.) 이처럼 인종에 따라 유전자와 신체적 특성이 조금씩 달라서 서로 부러워하는 점도 다른 것 같아요.

우리나라와는 다른 서양의 미적 기준이 있을까요?

일단 앞머리가 있어요. 외국인들은 어린 시절을 제외하고는 대부분 앞머리를 내리지 않습니다. 이마를 드러내는 스타일을 선호하죠. 한 번은 너무 궁금해서 영국인 친구에게 물어봤더니 앞머리를 내리면 어려 보인다고 생각한다고 해요. 서양인들에게 어려 보인다는 건 어수룩해 보인다는 의미가 될 수도 있다고요. 또 하나는 주근깨예요. 우리는 주근깨나 잡티가 없는 깨끗한 피부를 선호하지만 외국인들은 대부분 주근깨를 특별하게 생각하죠. (개인차가 있을 수 있습니다.) 마치 하늘의 별처럼 얼굴을 매력적으로 만들어 준다고요. 그래서 한창 외국인들 사이에서는 주근깨 메이크업이 유행하기도 했죠.

외국인 친구한테 너 얼굴이 작아서 좋겠다고 했는데 기분이 상했나 봐요. 제가 실수한 건가요?

한국에서는 '얼굴이 작다'라는 말이 칭찬이지만, 외국인에게는 모욕이 될 수도 있습니다. 마치 '존재감이 없는 사람이다'라는 말로 들릴 수 있어요. 같은 이유로, 한국인에게는 Your skin is so white.(너 피부 되게 하얗다.)라는 말이 칭찬일 수도 있지만, 외국인들은 이를 '창백해서 아파 보인다'는 의미로 받아들일 수 있어요.

또 외모에 관련된 재미있는 에피소드 있으면 알려주세요!

우리나라에서는 칭찬처럼 연예인 누구 닮았다고 하잖아요. 초면에 서먹한 사이일 때는 그런 말을 하면서 분위기가 누그러지기도 하고요. 그래서 예전에 외국 친구에게 할리우드 배우 누구 닮았다고 했더니 의아한 표정을 짓더라고요. 제가 무슨 의도로 그런 말을 하는지 전혀 모르는 눈치였어요. 나중에 칭찬이라고 설명해 주긴 했는데, '연예인을 닮았다는 말이 칭찬이 아닐 수도 있구나' 하는 문화적 차이를 깨닫게 되는 순간이었어요. 사람에 따라서는 오히려 누구를 닮았다는 말이 실례일 수도 있더라고요.

외모에 대해서 물어보기

What does she look like? 그 여자 어떻게 생겼어?

Who does she take after, her mom or her father? 그 여자 엄마랑 아빠 중에 누구 닮았어?

외모에 대해서 말하기

He is very handsome/good-looking. 그는 정말 잘생겼어.

I think he's the most handsome man I've ever seen. 난 그 남자가 내가 여태 본 남자 중에 제일 잘생긴 것 같아.

She is very attractive/charming/appealing/fascinating. 그녀는 정말 매력적이야.

Wow, that flight attendant is a real knockout/looker/stunner. 우와 저 승무원 정말 예쁘다(비격식 표현, '절세 미인'이라는 뜻).

He doesn't look his age. 그는 자기 나이처럼 안 보여.

The lifeguard over there is hot stuff/so sexy. 저기 있는 안전구조요원은 정말 섹시해.

She is so cute/sweet/lovely/adorable. 그녀는 너무 귀여워.

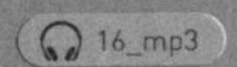

신체적 외모 표현하기

◆ 말랐다

She is slim/slender. (긍정적 표현) 그녀는 날씬해.

He is thin/skinny/underweight. (부정적 표현) 그는 앙상하게 말랐어.

◆ 뚱뚱하다

She is plump/chubby. (중립적 표현) 그녀는 통통해.

She is fat/overweight. (부정적 표현) 그녀는 뚱뚱해.

◆ 몸이 좋다

He is tall and muscular. 그는 키가 크고 근육질이야.

He is short but very well-built. 그는 키는 작지만, 체격이 정말 좋아.

He has a solid/compact body. 그는 다부진 몸을 가졌어.

He is bulky/husky. 그는 덩치가 좋아.

She is curvy. / She has a curvy shape. 그녀는 글래머야.

She has a nice figure. 그녀는 몸매가 좋아.

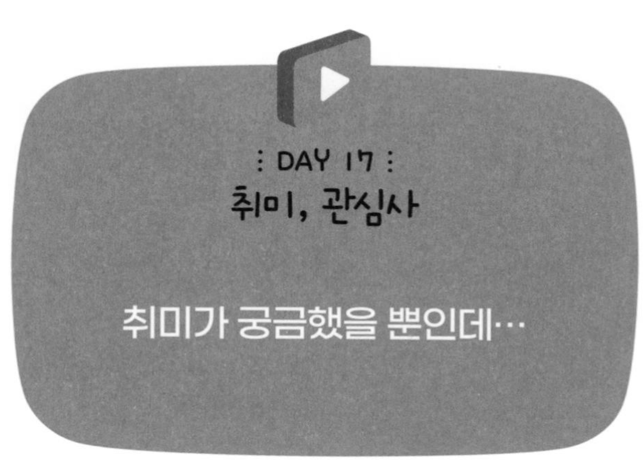

: DAY 17 :

취미, 관심사

취미가 궁금했을 뿐인데…

영국 유학 당시 저는 처음 보는 친구들과 친해지려고 먼저 다가가서 말을 붙이는 편이었어요. 취미나 관심사가 비슷하면 대화 소재가 생길 테니, 매번 취미가 뭔지 물어봤죠. 그런데 그때마다 상대방이 대답하기 전에 뜸을 들인다거나, 시원하게 대답을 하지 못하더라고요.

What is your hobby?

취미가 뭐예요?

Hobby? Um... I don't actually have a HOBBY.

취미요? 음... 딱히 '취미'는 없는 것 같아요.

취미를 물어볼 때마다 대화가 순조롭게 풀리지 않는 이유를 나중에서야 알았어요. 이 질문이 약간 부담스러울 수도 있다고 하더라고요. 우리가 '취미'로 알고 있는 hobby는 정기적으로 꾸준히 하는 활동을 말합니다. 예를 들어 정기적으로 나가는 축구 동호회 활동 같은 걸 hobby라고 하죠. 하지만 모든 사람이 그런 활동을 하는 것은 아니잖아요. 바빠서 꾸준하게 하지 못할 수도 있고요. '취미가 뭐냐?'라는 질문보다는 '혹시 취미가 있냐?'고 질문하는 것이 훨씬 낫다고 해요.

Do you have any hobbies?

혹시 취미 같은 거 있으세요?

Um... I don't have a hobby. But sometimes I play baseball with my son.

음... 아뇨 딱히 취미는 없어요. 하지만 가끔 아들과 야구를 합니다.

그럼 취미를 물어볼 땐 뭐라고 물어봐야 하죠?

'취미가 뭐냐'고 직접적으로 물어보기보다는 What do you do in your free time?(여가 시간엔 뭐해?), What do you usually do when you have time to rest?(쉴 때는 주로 뭐해?), What do you usually do on the weekend?(주말엔 뭐해?)라고 풀어서 물어보는 것이 훨씬 자연스러워요.

interest도 '취미'라는 뜻으로 많이 쓴다고 하던데요, hobby와 interest의 차이점은 뭐죠?

먼저 interest는 관심도 있고 좋아하지만 적극적으로, 그리고 꾸준히 하지는 못하는 것에 사용해요. 반면, hobby는 내가 관심도 있고 하는 것도 좋아하고 꾸준히 하는 무언가를 말하죠.

외국인들의 독특한 취미나 관심사는 뭐가 있나요?

저는 우리나라와는 다른 외국인의 취미 중 하나가 태닝이 아닐까 생각해요. 우리나라에도 태닝에 대한 관심이 점점 많아지고 있죠? 서양에서는 햇볕에 탄 피부가 이국적이고 매력적으로 보인다고 생각합니다. 그래서 태닝을 위한 제품도 많고, 태닝숍도 많습니다. 옛날에는 하얀 피부를 가진 사람을 그늘에서 여유를 즐길 수 있는 부유층으로 봤지만, 현대에 와서는 그을린 피부가 마치 언제든지 자유롭게 여행을 즐길 수 있는 사람 같은 부의 상징 같은 느낌이 되었다고 해요. 이런 이유로 서양에서는 태닝에 많은 관심을 갖고 주기적으로 하는 사람도 많아요.

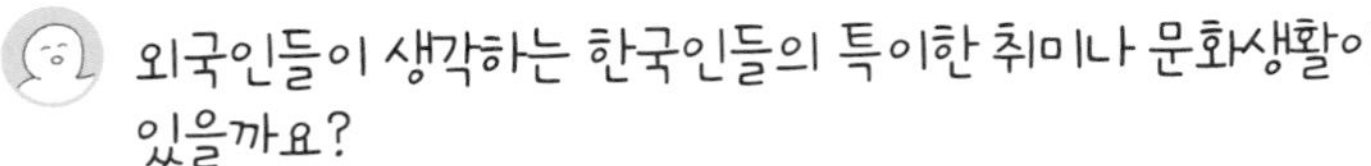

외국인들이 생각하는 한국인들의 특이한 취미나 문화생활이 있을까요?

한국에 온 외국인들이 가장 놀라는 한국인들의 취미 생활은 PC방 문화입니다. 영국이나 미국에도 우리나라의 PC방 같은 '인터넷 카페(Internet café)'가 있긴 하지만 인터넷 속도도 느리고 딱 기본적 수준의 서비스만 제공됩니다. PC방에서 여럿이 모여 게임을 하고, 다양한 음식을 먹는 건 한국인들만의 독특한 문화죠. 노래방도 마찬가지입니다. 해외에도 일본식 가라오케가 있기는 하지만, 주로 술과 음식을 먹으러 가서 노래도 할 수 있는 장소이죠. 순수하게 노래를 부르러 가는 한국의 노래방과는 완전히 다른 개념이에요. 요즘 유행하는 '코인 노래방'은 더더욱 그렇고요. 그래서 외국인 친구가 한국에 방문한다면 PC방과 노래방에 데려가길 적극 추천해요.

취미, 관심사에 대해 물어보기

What do you like doing in your free time?
쉴 때 뭐하는 거 좋아해요?

What do you do in your free time? 여가 시간에 뭐 하세요?

Where do you usually hang out with your friends?
친구랑 주로 어디서 놀아?

Are you into sports? 스포츠에 빠졌어요?

What sports are you into? 어떤 스포츠를 좋아하세요?

Since when have you been into exercising?
언제부터 운동에 푹 빠졌어요?

Do you know any good tips for losing weight?
좋은 다이어트 팁 있어?

What is your favorite fashion brand?
좋아하는 패션 브랜드가 뭐야?

Do you fancy going to a music festival?
음악 페스티벌 가는 거 좋아하니?

Do you enjoy traveling? What is the best place you've been to? 여행 다니는 거 좋아해? 가장 좋았던 나라는 어디야?

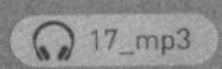

취미나 관심사에 대해 말하기

I spend a lot of time playing video games.

나는 비디오게임 하는데 시간을 많이 보내.

‥ 'spend time –ing'는 '-하는데 시간을 쓰다'라고 외워 두시면 사용할 일이 많습니다.

I am really into basketball. 난 농구에 완전히 빠져 있어.

I enjoy collecting action figures. 난 피규어 수집하는 걸 즐겨.

I'm an outgoing person. So, I like outdoor activities such as hiking and camping.

저는 외향적인 사람이에요. 그래서 등산이나 캠핑같이 야외활동을 좋아하죠.

I'm a reserved person. So, I'm into knitting and painting.

저는 내향적인 사람이에요. 그래서 뜨개질이나 그림 그리기에 빠져 있어요.

I enjoy being physically active. So, I really love playing football.

저는 신체활동을 좋아해요. 그래서 축구하는 걸 정말 좋아해요.

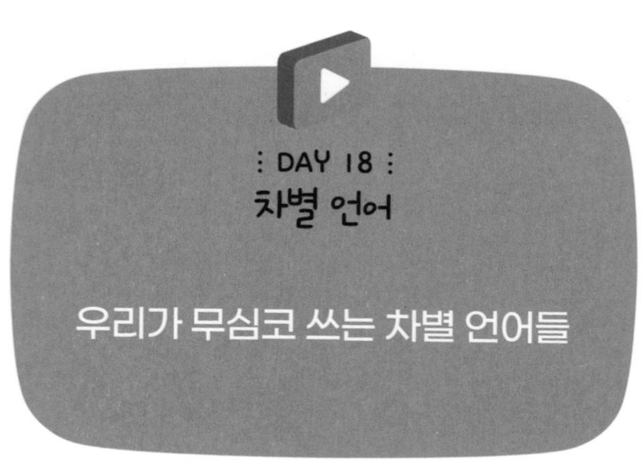

: DAY 18 :

차별 언어

우리가 무심코 쓰는 차별 언어들

유튜브 강의

대학교 1학년 때 한국인들 사이에서 흑인을 '흑형'이라고 부르는 것이 유행이었어요. '흑형'은 흑인들을 친근하게 높여 부르는 일종의 은어인데요, 마침 제가 흑인 친구를 처음 사귀어서 다른 친구들에게 소개해 주는 자리가 있었어요. 친구를 친근하게 소개한답시고 제가 그만 말실수를 해버렸습니다.

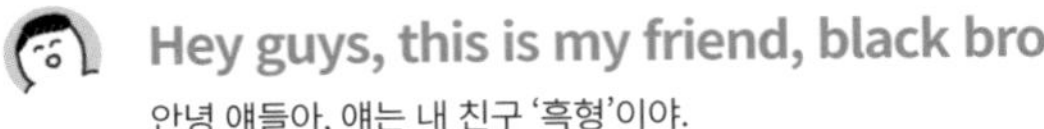

Hey guys, this is my friend, black bro.

안녕 얘들아, 얘는 내 친구 '흑형'이야.

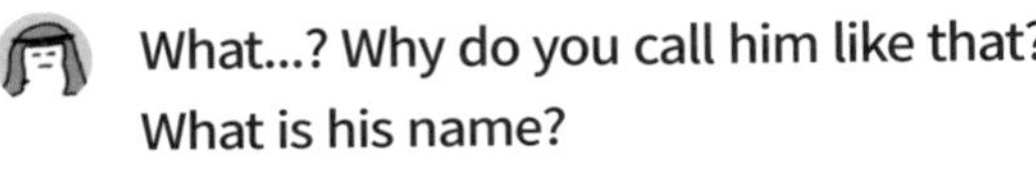

What...? Why do you call him like that?

What is his name?

뭐라고...? 왜 그렇게 불러? 이름이 뭔데?

친구를 친근하게 소개하려는 의도였지만, 주위의 반응을 보니 엄청난 실수를 했다는 생각이 들었습니다. 바로 '흑형(black bro)'이라는 표현이 문제였어요. 이름을 소개하면 되는데 굳이 피부색을 지칭하는 단어를 사용했으니 그럴 수밖에요. 악의 없이 사용한 말에도 차별 언어가 있을 수 있다는 것을 그때 알았어요.

Hey guys, this is my friend, Terrence.

안녕 친구들, 얘는 내 친구 테렌스야.

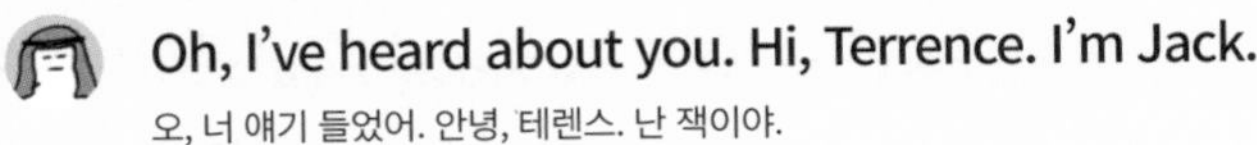

Oh, I've heard about you. Hi, Terrence. I'm Jack.

오, 너 얘기 들었어. 안녕, 테렌스. 난 잭이야.

Hi, Jack. What a party, huh?

안녕, 잭. 이야, 대단한 파티다.

'흑형(black bro)'이라는 표현은 흑인들을 좋게 부르는 말이 잖아요. 뭐가 문제죠?

'흑형'이라는 단어 안에 있는 고정관념 때문입니다. 보편적으로 흑인들이 다른 인종보다 신체적, 음악적 능력이 '우수할 것이다'라는 긍정적 고정관념 말이죠. 어쨌든 고정관념은 고정관념이니까요. 사람을 부르거나 칭할 때는 '이름'을 부르면 됩니다.

흑인을 지칭하는 black은 차별 언어인가요? 쓰면 안 된다고 들었는데, 흑인들끼리는 쓰더라구요. 그런 것 보면 괜찮은가 싶기도 하고…

한때 논쟁이 있었죠. black(흑인)이라는 표현 대신 African American(아프리카계 미국인)이라는 표현을 사용하자는 주장이 있었는데요. 제가 직접 흑인을 비롯한 수많은 외국인에게 물어본 결과 'black은 차별적 단어가 아니다'라는 반응이 우세했어요. African American이라는 말도 정확한 표현은 아니거든요. 모든 흑인이 아프리카계가 아닐 수도, 혹은 미국인이 아닐 수도 있기 때문이죠. 사람을 부를 때는 그 사람의 이름을 부르는 것이 가장 좋아요.

우리가 모르고 쓰는 차별적 언어가 뭐가 있을까요?

대표적으로, 장애인을 handicapped라고 부르는 경우가 있어요. 가끔 한국의 공공기관에서도 볼 수 있는 표현인데요 '불리한'이라는 뜻의 이 단어에는 부정적 어감이 있어서 disabled(장애의)로 바꾸어 표현하는 것이 좋습니다. 요새는 많이 개선되긴 했으나 특정 직업을 지칭할 때, 끝에 man이 들어가는 경우, (ex. fireman, policeman, chairman) 이것이 성차별이기 때문에 중립적인 언어로 바꾸자는 움직임도 있죠. 그래서 경찰관은 police officer, 소방관은 firefighter, 회장은 chairperson이라고 표현합니다. 사소한 표현을 쓸 때도, 혹시 특정 집단을 차별하는 요소가 없는지 짚어볼 필요가 있습니다.

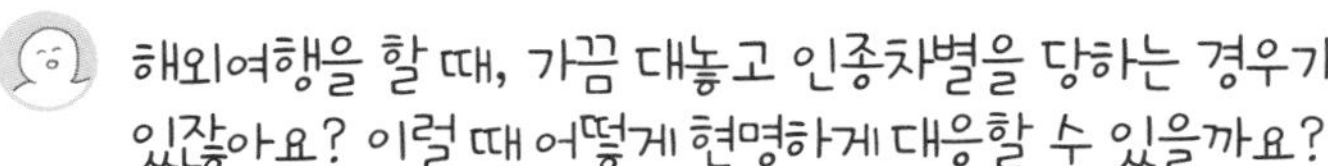

해외여행을 할 때, 가끔 대놓고 인종차별을 당하는 경우가 있잖아요? 이럴 때 어떻게 현명하게 대응할 수 있을까요?

인종차별을 당할 때 정말 서럽고 화가 나죠. 용기를 내서 화를 내거나 받아치지 못하고 돌아서서 후회하는 경우가 많은데요. 전 여러분의 안전을 위해서, 그런 상황이 와도 무시하는 게 상책이라고 말하고 싶습니다. 화가 나서 대응했다가 되레 상황이 악화되고 상대방이 공격적으로 나와서 시비가 붙거나, 큰 싸움에 휘말릴 수도 있거든요. '한 입으로 두 말하기' 코너에서 인종차별에 대처할 수 있는 영어 표현들을 간단히 다룰게요. 하지만 되도록 그 상황에서 벗어나는 것을 추천합니다.

한 입으로 두 말하기

동양인 비하 표현 알아두기

▶ 인종 차별을 하는 서양인들은 동양인들을 구별하기 어려워 모조리 중국인으로 매도하기도 하는데요. 그중 동양인을 비하할 때 많이 쓰는 대표적인 표현 세 가지를 알아보겠습니다.

Chink, Chinky(칭크, 칭키): 동아시아인을 비하하는 대표적인 단어입니다. 이 비하 멸칭은 양 손가락으로 양 눈의 끝을 찢어 실눈처럼 잡아당기는 Chinky eye(동양인들의 눈이 작고 길게 찢어진 것을 비하하는 표현)와 함께 쓰이기도 합니다.

Ching Chang Chong(칭챙총)/Ching chong(칭총): 동양인에 대한 비하 용어로, 서양인들에게는 중국어가 마치 '칭챙총'처럼 들린다고 생각하여 비하하는 목적으로 생겨난 표현입니다. 이 멸칭은 특히 동아시아 국가 사람들에 대한 공통된 멸칭으로, 인터넷상에서도 종종 쓰이는 인종차별적 용어입니다.

Gook(국): 한국전쟁이나 베트남 전쟁 등에서 베트남, 필리핀, 한국인을 낮춰 썼던 말로, 동남아시아 사람들을 비하하는 용어입니다. 영어권 해외사이트에서도 자주 볼 수 있는 단어입니다.

인종차별에 대응하기

I'm sorry, what was that? 죄송한데, 뭐라고 했어요?

Say that again? 다시 말해 볼래요?

What do you mean by that? 그게 무슨 말이죠?

That's racist. / That was racist. 그건 인종차별이에요.

Are you (being) racist? 지금 인종차별 한 거예요?

Did you just call me a ______? 너 지금 나한테 ____라고 불렀니?

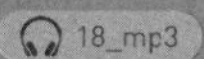

I take offense to that. / That's very offensive.

그 말 듣기 불쾌하네요.

That is bang out of order. 도가 지나친 말이야.

You better watch your mouth. 너 입 조심하는 게 좋을 거야.

Shame on you! / You should be ashamed of yourself.

창피한 줄 아세요.

I'll not tolerate that. 그만하는 게 좋을 거야.

Back off. / Back away. / You better back off. 물러나.

I'm calling the cops. 경찰을 부를 거야.

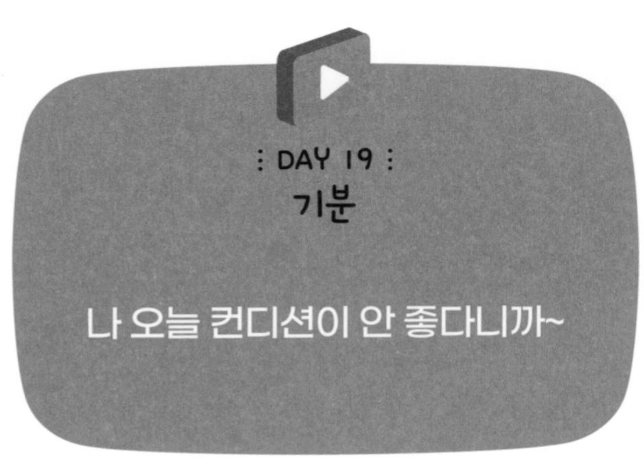

: DAY 19 :
기분
나 오늘 컨디션이 안 좋다니까~

하루는 일어나자마자 몸이 으슬으슬하더라고요. 컨디션이 너무 안 좋아서 친구에게 '컨디션이 안좋다.(My condition is not good.)'고 하자, 친구가 살짝 의아한 표정을 지었습니다. 이해하는 것 같았지만 제 표현에 어색한 부분이 있다는 것을 직감적으로 느꼈죠.

Ah, I think we need to put off our plan because **my condition is not good.**

아, 내 생각에 우리 계획을 미뤄야 할 것 같아 왜냐하면 내 컨디션이 좋지 않거든.

Condition? What do you mean exactly?

컨디션? 정확히 무슨 의미야?

I mean... I have a headache and fever now.

내 말은... 나 지금 두통이랑 열이 있거든.

몸이 피곤하거나 기분이 안 좋으면 '컨디션이 안 좋아'라고 말하는데, 영어로 good/bad condition이라고 옮기면 틀린 표현입니다. condition은 몸이나 기계 상태를 말할 때 쓰여요.

Ah, I think we need to put off our plan because **I feel bad today.** 아, 내 생각에 우리 계획을 미뤄야 할 것 같아 왜냐하면 나 오늘 컨디션이 좋지 않거든.

Oh, sorry to hear that. Do you need to see a doctor? 오, 저런 안타깝다. 병원에 가야 할 것 같아?

I've already taken some cold medication. I guess I need more sleep.

이미 감기약을 먹었어. 잠을 좀 더 자야 할 것 같아.

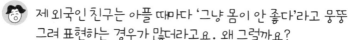

두리번 두리번 베플 둘러보기

제 외국인 친구는 아플 때마다 '그냥 몸이 안 좋다'라고 뭉뚱그려 표현하는 경우가 많더라고요. 왜 그럴까요?

아무래도 개인주의의 영향이 큰 것 같아요. 서양 문화에서는 건강도 개인의 프라이버시라고 생각해요. 그래서 서로 굳이 캐묻지도 않죠. 우리나라는 '정'을 기반으로 한 공동체주의가 강해서 서로의 건강을 걱정하고 염려합니다. 상태가 좋지 않아 보이면 물어보고, 아프다고 하면 왜 아픈지 얘기하기도 하고요. 하지만 서양인들은 이런 이야기는 의학적 처방이나 치료가 가능한 의사나 약사를 제외하고는 자세히 하지 않습니다. 간혹 이러한 문화 차이에서 오해가 생길 수도 있으니 알아 두면 좋을 것 같아요.

몸 컨디션이 좋지 않아서 아프다고 말할 때 'sick'이랑 'ill'이랑 어떤 단어를 써야 할지 헷갈려요.

둘 다 '아프다'는 뜻인데요, 작은 차이점이 있습니다. 간단히 말해서 sick은 '아픈' 거고 ill은 '병든' 겁니다. 그래서 sick은 일시적으로 컨디션이 좋지 않은 경우에 사용합니다. 식사를 제대로 하지 못해서 일시적으로 영양분이 부족한 경우에도, 질병이 아니므로 sick을 사용합니다. 이렇게 sick은 오래 지속되지 않고 짧은 기간에 증상이 있을 때 사용합니다. 반대로 ill은 병에 걸려 아픈 경우에 주로 사용합니다. sick보다 다소 심각한 상태라고 할 수 있는데요, 장기적 치료가 필요하고 약을 복용해야 하는 경우입니다. 단순히 컨디션이 좋지 않아서 조금 쉬면 회복될 가능성이 높다면, ill보다는 sick을 쓰는 것이 더 적절합니다.

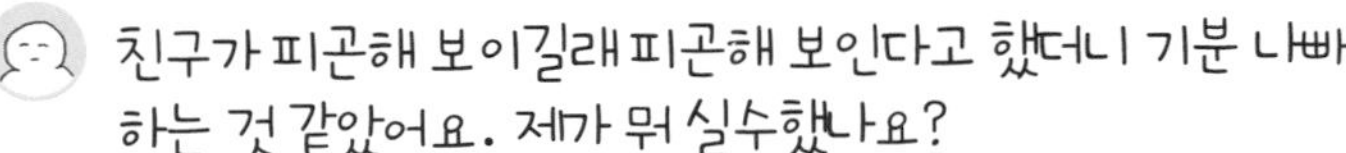

친구가 피곤해 보이길래 피곤해 보인다고 했더니 기분 나빠
하는 것 같았어요. 제가 뭐 실수했나요?

한국에서는 상대방의 컨디션이 안 좋아 보일 때 걱정이 돼서, '얼굴이 안 좋아 보이는데 괜찮아요?'라고 물어보는 경우가 많은데요. 외국에서는 이런 걱정의 말이 다소 무례하게 전해질 수도 있어요. 자기관리 좀 하라는 어감으로 들릴 수도 있기 때문이죠. 외국인들은 개인의 몸 상태나 컨디션도 하나의 사생활이라고 생각합니다. 그래서 정말 심각한 상태가 아닌 이상, '피곤해 보인다'는 말은 삼가는 게 좋습니다. 정말 궁금하다면 How are you feeling? 혹은 How are you today?와 같이 무난한 표현으로 질문하는 게 좋죠.

한 입으로 두 말하기

기분, 컨디션에 대해 물어보기

How are you feeling (today)? (오늘) 기분 어떠세요?

Are you okay? 괜찮아요?

Is everything alright? 별일 없어요?

What's the matter? / What's wrong? 무슨 일 있어요?

Do you want to talk about it? 그것에 대해서 말하고 싶어요?

Why are you feeling annoyed? 왜 짜증이 났어요?

기분, 컨디션에 대한 다양한 표현

◆ 기분, 컨디션이 좋을 때

I'm well. / I feel great. / I am in a good mood. 기분이 좋아.

I feel refreshed. / It's refreshing. 기분이 상쾌해.

I feel energetic. 기운이 넘쳐.

I'm excited/thrilled. 기분이 너무 좋아.

I'm pumped/charged up! 나 기분 완전히 업됐어!

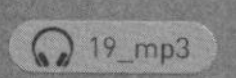

I'm flying high. / I'm over the moon. 기분이 날아갈 것 같아.

I'm happy/pleased/satisfied. 기뻐요.

◆ 기분, 컨디션이 안 좋을 때

I'm not well. / I don't feel well. / Not feeling so well. / I feel terrible. 기분/몸이 안 좋아.

I haven't been feeling well. / I've been under the weather. 컨디션이 계속 안 좋아.

I'm not myself. / I don't feel like myself. 오늘 나 같지 않아(평소와 다르게 몸이 안 좋아).

I'm a little down. 오늘 좀 다운됐어.

I am in low spirits. 기운이 없어.

I've been in a bad mood all day. 하루 종일 기분이 안 좋아.

I'm so tired/exhausted/worn out because I stayed up all night. 밤새웠더니 너무 피곤해.

I'm irritated/annoyed/angry. 짜증나.

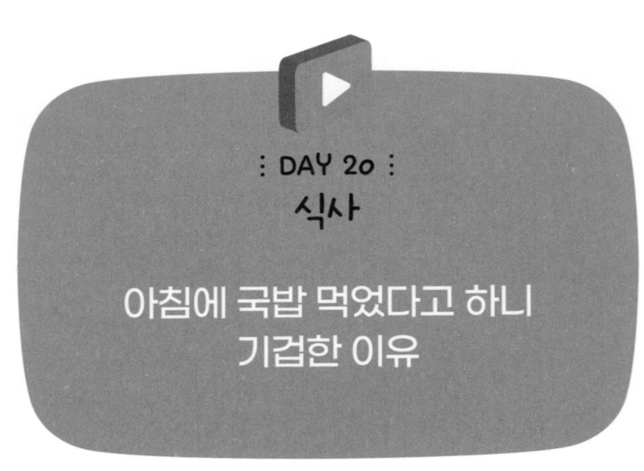

: DAY 20 :

식사

아침에 국밥 먹었다고 하니 기겁한 이유

제가 영국 대학교에 입학한 지 얼마 안됐을 때 일입니다. 정성껏 끓인 국과 따뜻한 밥을 아침으로 챙겨 먹고 학교에 갔죠. 학교에 가서 친구와 아침 식사 얘기를 하다가 뜨끈한 국과 밥을 먹고 왔다고 친구가 엄청 놀라더라고요.

This morning, I had some hot soup with rice for breakfast. I was totally satisfied.
오늘 아침에 나는 아침 식사로 뜨끈한 국과 밥을 먹었어. 완전히 만족스러웠다니까.

Wait. You had some hot food for breakfast? Is today a special day or something?
잠깐. 아침으로 뜨거운 음식을 먹었다고? 오늘 무슨 특별한 날이야?

No, it is just a normal day.
아니, 그냥 평범한 날이야.

뜨거운 음식을 먹었다고 특별한 날이라니! 알고 보니 영국에서는 아침 식사로 cold food(열을 이용한 조리 과정이 없거나 최소화된 요리)를 먹고, hot food(열로 조리한 음식)는 주로 저녁에 먹는대요.

In Korea, many people prefer to have hot food for breakfast, such as hot soup with rice. So, I had some hot soup with rice this morning.
한국에서 많은 사람들은 뜨끈한 국과 밥 같은 따뜻한 음식을 아침 식사로 먹는 걸 선호해. 그래서 난 오늘 아침으로 뜨거운 국과 밥을 먹었어.

Oh, very interesting. I like cold food for breakfast, such as cereal and fruit.
오, 되게 흥미롭네. 나는 아침 식사로 시리얼이나 과일 같은 차가운 음식을 좋아해.

브런치 가게에 꼭 있는 '잉글리시 브렉퍼스트' 있잖아요. 영국인들은 정말 아침으로 그런 걸 먹나요?

맞아요! 전통적인 영국식 아침 식사가 '잉글리시 브렉퍼스트(English Breakfast)' 입니다. 토스트와 구운 소시지, 베이컨 그리고 계란 후라이를 베이크드 빈(baked beans)과 함께 먹습니다. 하지만 주중에는 출근 준비로 바쁘기 때문에 이런 식사는 여유로운 주말에 주로 먹죠. 주중에는 샐러드, 시리얼, 과일, 머핀 등과 같은 간단한 음식들을 아침 식사로 대신합니다. 최근에는 영국에 일식 열풍이 불어서 편의점에서 파는 마끼(일본식 김밥)나 스시가 아침 식사의 대세라고 합니다.

영국에는 맛있는 음식이 없다는데, 영국인들은 평소에 뭘 먹고 사나요?

'영국에 맛있는 음식이 없다'는 말은 완전히 오해입니다. 오히려 세계 어느 나라보다 맛있는 음식이 많죠. 세계 최고의 명성을 자랑하는 요리 학교와 유명 레스토랑이 런던에 밀집해있을 정도니까요. 하지만 '영국 요리'는 그렇게까지 맛있다는 평가를 받지 못합니다. 자국의 요리가 그렇게 맛있지 않다 보니 오히려 세계의 온갖 맛있는 음식들이 들어와 있는 거죠. 영국인들이 사랑하는 음식 1위는 단연 인도 음식입니다. 영국이 인도를 식민 지배한 역사가 있어서 인도의 맛있는 음식들이 영국에 들어와 있습니다. 다음으로는 중국 요리를 즐겨 먹어요. 우리의 편견과는 다르게 영국에는 맛있는 음식이 정말 많으므로 영국 여행할 때 맛집 투어도 꼭 해 보세요.

유럽 레스토랑에서 파스타를 먹는데 '후루룩~' 면치기를 하면서 먹었거든요. 그런데 사람들이 쳐다보더라고요. 혹시 잘못한 건가요?

한국이나 일본에서는 면 요리를 먹을 때 '후루룩' 소리를 내며 먹어도 괜찮지만, 서양에서는 식사 예절에 어긋난 행위입니다. 저도 이게 궁금해서 친구들에게 물어봤는데요, 일단 식사 도중에 소리를 내는 행위는 함께 식사하는 사람들에게 폐를 끼치는 행위라고 생각한다고 해요. 그리고 면을 빨아들일 때 나는 '후루룩' 소리가 마치 설사할 때 나는 소리와 비슷하다고 생각한대요. 그래서 파스타를 먹을 때도 포크로 면을 돌돌 말아서 한입에 넣어 먹는다고요.

영미권에서는 야식으로 주로 어떤 음식을 먹나요?

영미권에서 가장 인기 있는 야식은 피자와 치킨입니다. 햄버거, 케밥도 많이 먹어요. 영국이나 미국에서는 특히 케밥을 많이 먹는데요 그 이유는 젊은 사람들이 나이트클럽에서 클러빙을 끝내고 케밥집에 우르르 몰려가서 야식을 먹는 특이한 문화가 있기 때문이에요. 각종 채소를 넣은 케밥이 의외로 건강식이라서 해장에 도움이 된다고 생각하기도 하고요. 요새는 외국에도 배달서비스가 잘 되어있어서 24시간 배달이 되는 곳이 많은데요, 우리처럼 배달앱을 통해 야식을 배달시켜 먹죠.

한 입으로 두 말하기

식사 제안하기

Are you free for dinner tonight? 오늘 저녁 식사할 수 있어?

What do you want to eat? 뭐 먹고 싶어?

How about pizza? 피자는 어때?

We are going out for lunch. Do you want to come with us? 우리 점심 먹으러 갈 거야. 너도 같이 갈래?

식사 초대하기

Do you want to come for lunch at my house? 점심 먹으러 우리 집 올래?

I'm having a barbecue on Saturday. I'd love it if you could come. 토요일에 바비큐 먹을 거야. 너도 오면 좋을 것 같아.

Hey guys, come over for some pizza and beer at my house. 애들아, 우리 집에 피자랑 맥주 먹으러 와.

식사 초대 제안에 응하기/거절하기

I'd love to! 좋아!

That would be nice, thanks. 그거 좋겠다, 고마워.

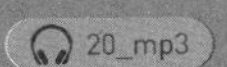

Thanks for the invite. I will be there.
초대해 줘서 고마워. 거기로 갈게.

I really appreciate the offer, but I feel under the weather.
제안해 줘서 정말 감사하지만, 몸이 안 좋아요.

Sounds great, but I already have plans on that day.
참 좋겠지만, 나 그날에 약속 있어.

I won't be able to come because I've got too much on.
하는 일이 많아서 못 갈 거야.

식사 전에 쓸 수 있는 표현

Enjoy your meal. 맛있게 드세요.

Thank you for the food/meal. 잘 먹겠습니다.

Bon appétit. (둘 다 가능) 맛있게 드세요(잘 먹겠습니다).

Let's dig in. 모두 식사해요.

식사 중에 쓸 수 있는 표현

◆ 감사 표현

I love your homemade meals. 준비하신 음식 다 맛있어요.

This is wonderful/fantastic! How did you make this?

맛이 훌륭해요! 이거 어떻게 만드셨어요?

It's so delicious! What did you put in the soup?

너무 맛있어요! 이 수프에 뭐 넣었어요?

◆ 손님의 식사를 챙길 때

Would you like some more? 더 드실래요?

Would you like another piece of meat? 고기 더 드실래요?

More potatoes? 감자 더 드릴까요?

Can I get you some more beer? 맥주 더 가져다 드릴까요?

Would you like some dessert? 디저트 드시겠어요?

◆ 제안에 정중히 거절하기

No, not for me, thanks. 고맙지만, 전 됐어요.

No, thank you. I've had enough.

고맙지만, 사양할게요. 충분히 먹었어요.

No, thanks. I'm full. 고맙지만, 괜찮아요. 저 배불러요.

식사 후 감사 표현

That was lovely, thanks. 정말 좋았어요. 고마워요.

What a fantastic meal! 정말 환상적인 식사였어요!

I had a great time. Thank you. 즐거운 시간 보냈어요. 고마워요.

Thank you for having me over for dinner. 저녁 식사에 초대해 주셔서 감사합니다.

Let me treat you next time. 다음엔 제가 대접할게요.

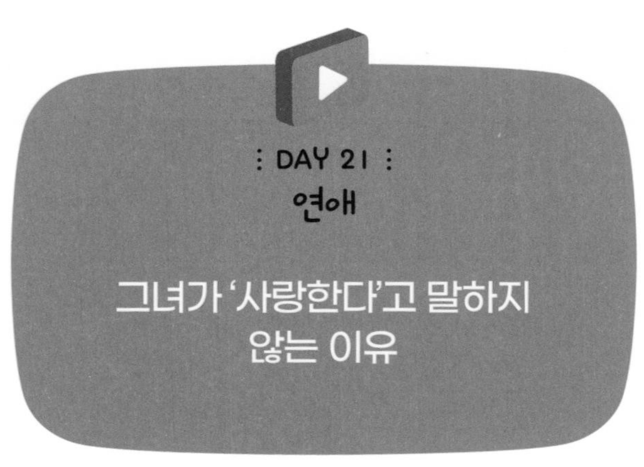

: DAY 21 :

연애

그녀가 '사랑한다'고 말하지 않는 이유

유튜브 강의

유학 가서 만난 한국인 친구 중에 영국인 여자 친구와 연애를 오래한 친구가 있었어요. 하루는 그 친구가 연애 상담을 하더라고요. 여자 친구에게 '사랑한다'고 말하면 반응이 너무 어색하다는 거예요. 싫어하는 건 아닌데, 그렇다고 좋아하는 것도 아닌 것 같다고요.

Alice, I truly love you.

앨리스, 널 진심으로 사랑해.

Oh, thanks. I think the same. Ha, ha.

오, 고마워. 나도 그런 것 같아. 하하.

연인끼리 서로 사랑한다는 말보다 행복한 말은 없잖아요. 저도 그 여자 친구가 왜 그런 반응을 보이는지 알 수 없어서 이 문제를 다른 영국인 친구에게 물어보았습니다. 그 친구의 대답은 정말 예상 밖이었어요. 서양인들은 '사랑해(I love you)'라는 말을 쉽게 사용하지 않는대요. 너무 진중한 표현이어서, 내가 파트너를 책임질 각오가 되었거나 결혼에 대한 확신이 있는 경우에 사용한다는 거예요. 단순한 애정 표현이 아니라는 점에서 정말 큰 문화충격을 느꼈죠.

Alice, you know what? I'm totally into you.

엘리스, 그거 알아? 나 너한테 완전 빠져있어.

I feel the same, darling. You're amazing.

나도 똑같이 느껴, 자기야. 너는 멋진 남자야.

Have you ever thought about our future? Living together.... 우리의 미래에 관해 생각해 본 적 있어? 함께 살면서....

제가 외국인과 썸을 타고 있는데, 남사친인지 남자 친구인지 헷갈려요. 그는 왜 저에게 사귀자는 말을 하지 않을까요?

이것도 정말 큰 문화 차이 중 하나입니다. 우리는 공식적으로 '사귀자'는 합의를 해야 연인 관계가 시작되는 경우가 많고, 사귀기 시작한 날부터 100일, 1년 등 기념일을 세기도 하잖아요. 서양, 특히 영국에서는 이런 문화가 없습니다. 함께 어울려 놀다가 사적으로 만나 데이트를 하며 자연스럽게 남자 친구, 여자 친구가 되죠. 영국 친구의 말에 의하면, 키스하거나 잠자리를 가진 후부터는 암묵적으로 연인관계라고 보면 된대요. 그래서 서양인들에게 '언제부터 사귀었어?'라는 질문을 하면 '지난여름부터'와 같은 추상적인 대답을 합니다.

서양인들은 성적으로 개방적이라는 편견이 있는데 정말 그런가요?

개인차는 있지만, 보편적으로 서양인, 영국인들이 성적으로 더욱 개방적인 건 사실입니다. 학교 성교육 시간에 교육용으로 만든 실제 성교 영상을 시청한다는 사실만으로도 분위기를 짐작할 수 있죠. 최근에 재미있는 설문조사도 있었어요. 데이트와 잠자리에 관련된 설문조사였는데요. 흥미롭게도 영국인들의 대부분은 첫 데이트 때 잠자리를 갖는 걸 선호한다고 합니다.

맘에 드는 이성한테 작업 걸 때 flirting한다고 표현하던데, flirting은 자세히 어떤 표현인가요?

Flirt는 마음에 드는 이성에게 관심을 표현하는 걸 말하는데요. 이성에게 접근해서 칭찬한다거나 끼를 부리며 꼬시는 걸 말해요. 분위기에 따라 상대방이 행동이 불쾌하게 느껴지거나, 바람둥이처럼 느껴진다면 '추근대다', '집적거리다'라고도 해석할 수도 있어요. 사람과 상황에 따라 긍정적으로도, 부정적으로도 쓸 수 있는 표현입니다.

외국인들도 밀당하나요? 밀당은 영어로 어떻게 말해요?

그럼요, 외국인들이 대체로 솔직하게 감정 표현을 하기는 하지만, 어느 정도는 밀고 당기는 '밀당'을 해요. 그래서 '밀당한다'는 표현도 있어요. play hard to get이라고 말하죠. 직역하면 '갖기 힘들게 하다'라는 뜻인데요, '튕기다' 정도의 의미이죠. 또는 마음을 가지고 게임을 한다는 의미로 play games라고 하기도 해요.

- I really like her, but I think she is playing hard to get/games (with me/my heart). 난 걔가 정말 맘에 들어, 근데 걔는 밀당하는 거 같아.

한 입으로 두 말하기

데이트에 대해서 묻기

Do you date? 요즘 데이트해?

Do you have a date? 데이트 있어?

How was your date? 데이트 어땠어?

How did the date go with him? 그와 데이트 어땠어?

What was your date like? 데이트 상대 어때?

What does your date look like? 데이트 상대 외모 어때?

연애에 대해서 말하기

There is something between us. / There was some chemistry between us. 우리 썸타고 있어.

I'm seeing someone right now. (썸타는 관계에서) 나 누구 만나고 있어.

I'm dating someone. / I'm going out with someone. 나 누구와 사귀고 있어.

I loved him at a first sight. 나 그와 첫눈에 사랑에 빠졌어.

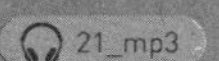

I have a crush on her. 나 그녀한테 반했어.

We clicked. 우린 통했어.

We really hit it off. 우린 잘 통해.

He is growing on me. 그는 보면 볼수록 매력 있어.

We've been together for 1 year. 우린 사귄 지 1년 됐어.

I get on well with him. 나 그와 잘 사귀고 있어.

We have lost our spark. / Our relationship went stale. 권태기가 왔어.

사랑 표현

I love you. / I'm in love with you. 난 널 사랑해.

I adore you. 난 널 정말 아껴.

I'm crazy about you. / I'm mad about you. 난 너에게 미쳐있어.

I'm falling in love with you. 난 너와 사랑에 빠졌어.

I've totally fallen for you. 나 완전히 너에게 빠졌어.

You are the one for me. 난 너 하나뿐이야.

You mean the world to me. 넌 내 세상의 전부야.

You are my perfect match. 넌 나의 완벽한 짝이야.

You're the light of my life. 넌 내 인생에서 중요한 사람이야.

You're too good to be true. 넌 정말 믿을 수 없을 만큼 멋져.

We're meant to be together. 우리는 함께할 운명이야.

We're compatible. 우린 마음이 잘 맞아.

이별에 대해서 말하기

It's over. / We're finished. / We've broken up. / We've split up. 우리 헤어졌어.

I'm done with Jake. 나 제이크랑 끝났어.

I got dumped. 나 차였어.

She turned me down/walked out on me/dumped me/dropped me. 그녀가 날 찼어.

I never imagined he would ghost me.

나 그 남자한테 잠수 이별 당할 줄 상상도 못했어.

She cheated on me, so I ended up breaking up with her.

그녀가 바람피워서, 결국 그녀와 헤어졌어.

We had a huge fight. Then we broke up.

우리 정말 크게 싸웠어. 그래서 헤어졌어.

I think we're too different, so I dumped him.

우린 너무 다른 것 같아서, 내가 그 남자 찼어.

We're not compatible, so I left him.

우린 잘 맞지 않아서, 난 그를 떠났어.

I don't think we're right for each other.

서로 잘 맞지 않은 것 같아.

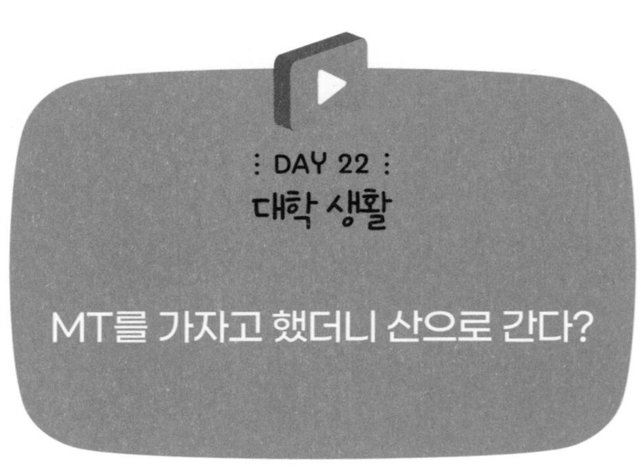

DAY 22

대학 생활

MT를 가자고 했더니 산으로 간다?

어릴 때부터 대학교에 대한 로망 두 개 있었습니다. 과 잠바를 입는 것과 동기들과 함께 MT를 가는 것이었죠. 대학교를 영국으로 가게 된 저는 같은 과 친구들과 금방 친해졌습니다. 과 대표로 뽑힌 친구에게 MT는 언제 가는지, 그리고 과 잠바는 언제 맞출 건지 물어보았습니다. 그런데 친구가 생뚱맞은 얘기를 하더라고요.

I'm looking forward to MT. When do we get our university jacket? I can't wait.
나는 엠티만 기다리고 있어. 과 잠바는 언제 맞춰? 못 기다리겠어.

Do you like climbing? I don't know about the university mountain climbing club. I guess you can get the uni jacket at the store in student union. 등산 좋아해? 대학교 등산 동아리에 대해서는 잘 모르겠어. 학교 잠바는 학생회 상점에서 구할 수 있을 것 같은데.

외국에는 한국의 대학에서 하는 OT, MT 같은 문화가 없다고 해요. MT는 산(Mountain)의 줄임말이고요. 영미권은 개인주의 성향이 강해서 과 전체 인원이 술을 마시러 간다거나 놀러 가는 것이 드물다고 해요. 당연히 과 잠바를 맞춰 입는 문화도 없죠.

In Korean university culture, students go to Membership Training together. It is kind of a short trip.
한국 대학교 문화에서는 학생들이 다 함께 MT를 가. 일종의 짧은 여행 같은 거야.

Wow, sounds fun. But, why do they go to MT?
와우, 재미있겠다. 근데 왜 엠티를 가는데?

To become more connected with their classmates. 동기들과 더욱 친해지기 위해서지.

OT나 MT가 없으면 외국 대학에서는 과 친구들끼리 어떻게 친해지죠?

영국에서 대학 생활을 하며 제가 개인적으로 느낀 분위기는 이렇습니다. 우리나라와 달리 대학교는 친목을 위한 장소가 아니었어요. 굳이 MT와 OT 같은 모임을 만들어서 과 친구들과 억지로 친해지려고 하지 않죠. 사교 활동은 주로 동아리 활동이나 파티를 통해서 합니다. 특히, 영국이나 미국 같은 경우에는 대학 동아리뿐 아니라 지역 동호회도 굉장히 활성화되어 있어서 그러한 루트를 통해 친구를 만들고 친해지는 경우가 많습니다.

대학교에서 느낀 문화 충격이 있나요?

가장 크게 두 가지가 있었어요. 첫 번째는 출석 체크입니다. 우리나라 대학교에서는 수업할 때마다 출석 체크를 해서 학점에 반영하기도 하고, 일정 횟수 이상 결석하면 낙제가 되기도 하죠. 하지만 서양의 대학교에는 출석 체크 제도가 거의 없습니다. 출석은 전적으로 학비를 내는 학생들의 권리라고 생각하기 때문이에요. 두 번째는 기숙사 문화입니다. 우리나라 대학교 기숙사의 대부분은 통금 시간이 정해져 있고 남학생과 여학생이 따로 거주하죠. 하지만 서양 기숙사는 남녀 혼성 기숙사가 많고 통금 시간도 없는, 비교적 자유로운 분위기입니다. 주변에 피해를 주지만 않는다면 활동에 큰 제약이 없고, 기숙사에서 자체적으로 진행하는 재미있는 행사도 많이 있어요.

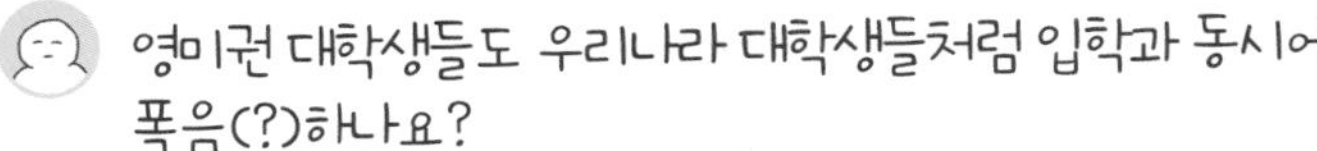

영미권 대학생들도 우리나라 대학생들처럼 입학과 동시에 폭음(?)하나요?

네, 우리만큼이나 영미권 대학생들도 음주를 굉장히 즐기는 편입니다. 한국 대학생들은 주로 대학가 술집에서 늦은 새벽까지 술을 마시지만, 영미권의 술집들은 보통 새벽 1~2시면 문을 닫기 때문에 영미권의 대학생들은 주로 하우스 파티를 합니다. 밤새도록 마실 수 있으니까요. 그리고 더 마음껏 춤추고 놀기 위해서 술을 미리 마셔서 취한 상태를 만들기 위한(?) 프리 드링킹(pre-drinking) 문화가 있습니다. 한국의 '1차' 개념과 비슷합니다. 이렇게 프리 드링킹으로 미리 술을 마셔서 취한 다음 클럽이나 파티에서 춤을 추고 술을 마시며 밤을 불사르죠.

외국에서는 대학생들은 학교 갈 때 잘 안 꾸민다고 하던데 진짜 그래요?

어느 정도 맞는 말 같아요. 유학하면서 학교에서 잘 차려입고 다니는 학생을 본 기억이 거의 없습니다. 가끔 잠옷을 입고 오는 학생들도 심심찮게 볼 수 있습니다. 미드나 영드에는 학교 갈 때 화려하게 꾸미는 대학생들의 모습을 볼 수 있는데요, 실제로는 보기 드뭅니다. 학교는 공부하는 장소이기 때문에 굳이 꾸미는 일에 에너지를 쓰지 않는 것 같아요. 다른 곳은 몰라도 학교에서는 아주 'free하게' 하고 다니는 편이죠.

학교(생활), 전공에 대해서 물어볼 때 쓰는 표현

Are you a student (at the university)?
학생이세요? (대학생이세요?)

What are you studying? / What is your major? / What are you majoring in?
학교에서 무슨 공부하세요?

What year are you in?
몇 학년이세요?

What classes are you taking?
어떤 과목들을 수강하세요?

Will you join any clubs on campus?
동아리에 들 거야?

Which club do you want to join?
어떤 동아리에 가입하고 싶어?

How many courses are you taking this semester?
이번 학기에 몇 과목 들어?

How's your university life?
학교생활 어때요?

How do you like the university so far?
지금까지 대학교 마음에 드는 것 같아?

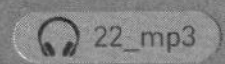

학교, 학년, 전공에 대해서 말할 때 쓰는 표현

I was accepted at/got into the university.
대학교에 입학했어요.

I'm a freshman. 전 신입생입니다.

I'm a sophomore at college. / I'm in my second year of college. 전 2학년입니다.

I'm a junior. 전 3학년입니다.

I'm studying for a master's degree. 석사 과정 밟고 있어요.

I'm studying for a PhD at the university.
대학교에서 박사 과정하고 있어요.

I'm studying economics. / My major is economics. / I'm majoring in economics. 경제학 전공하고 있어요.

I'm double majoring in English education and Applied Linguistics.
저는 영어 교육과 응용언어학을 복수전공하고 있습니다.

학교생활에 대해서 말할 때 쓰는 표현

It was difficult at first, but I soon got used to it.

처음엔 어려웠는데, 점점 적응하고 있어.

It's not easy to balance my academic work and social life.

학업과 사교생활에 있어서 균형 잡기가 쉽지 않아.

I spent too much time going out, so I'm worried about finishing my essay before the due date.

너무 놀아서 마감일 전에 에세이를 끝낼 수 있을지 걱정돼.

The atmosphere in the university is very friendly.

대학 분위기는 매우 친근해.

I was given a class timetable last week, so I'm going to organize how I spend my time.

지난주에 수업 시간표 받아서 나 어떻게 시간을 쓸 건지 계획 세울 거야.

The teachers and the staff were helpful and inspiring.

선생님하고 대학 직원 분들이 잘 도와주고 격려해 줘.

I'm not complaining, but the class requires a good amount of work.

불평은 아닌데 그 수업은 너무 많은 양의 공부를 요구해.

I still have a lot to learn. So, sometimes it's a little bit stressful.

여전히 배울 게 많아. 그래서 가끔 스트레스 좀 받아.

I've thoroughly enjoyed learning and consider the class to be very valuable.

아주 재밌게 배우고 있고 수업은 정말 유익한 것 같아.

I think it's very demanding. So, I'm thinking about taking a gap year/1 year off from university.

내 생각엔 너무 힘들어. 그래서 나 대학 1년 휴학할 생각이야.

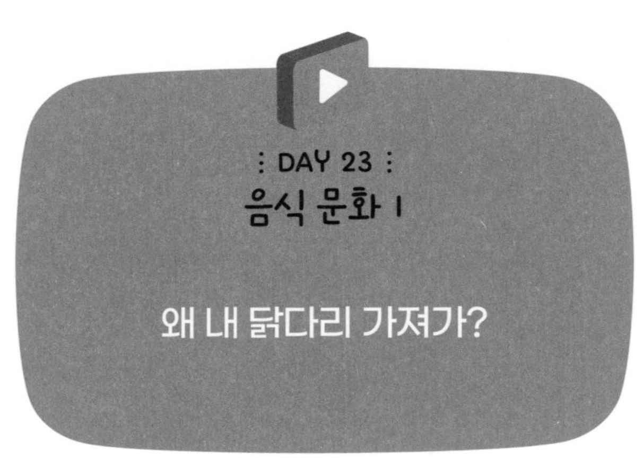

2012년, 싸이의 '강남스타일'이 폭발적인 인기를 얻으며 한국 음식에 대한 외국인들의 관심도 급증했어요. 영국에도 한국 음식 열풍이 불면서 제가 살던 동네에도 치킨과 맥주를 파는 '치맥'이라는 한국 음식점이 인기를 끌었죠. 저는 친한 영국인 친구를 데리고 그 음식점에 갔어요. 드디어 치킨이 나왔고 설레는 마음으로 닭다리 하나를 집으려는 순간, 예상치 못한 일이 벌어졌어요. 친구가 닭다리 두 개를 모두 가져간 겁니다!

Hey man. Be fair. I love the chicken drumstick, too. 야, 공평하게 하자. 나도 닭다리 좋아해.

Hmm, I don't really like the drumstick. But, you should have the breast.
음, 난 닭다리 별로 안 좋아해. 그래도 네가 닭가슴살 먹어.

What do you mean? 그게 무슨 소리야?

닭다리를 별로 안 좋아한다면서 본인은 닭다리를 먹고 제겐 닭가슴살을 양보하는 이상한 상황! 알고 보니 닭 부위에 대한 인식 차이였는데요. (개인차가 있지만) 한국에서는 닭다리가 가장 인기 있는 부위잖아요? 그런데 서양인들은 닭다리가 맛없는 부위라고 여기고 닭가슴살이나 안심처럼 일명 '퍽퍽살'이라고 불리는 부위를 선호한다네요.

The drumstick is every Koreans' favorite piece of the chicken. 닭다리는 모든 한국인들이 좋아하는 치킨 부위야.

Oh, sorry. I didn't know that. For us, we prefer the chicken breast to the drumstick.
오 미안해. 전혀 몰랐다. 우리는 닭다리보다 닭가슴살을 선호해.

Shall we swap pieces then?
그럼 서로 좋아하는 부위를 바꿀까?

한국 사람들은 좋아하는데, 서양인들은 잘 안 먹는 음식 있나요?

대표적으로 삼겹살이 있어요. 우리는 삼겹살이 없어서 못 먹잖아요. 하지만 영미권에서는 삼겹살을 따로 먹지 않아요. 기껏해야 베이컨을 만들 때 쓰는 정도이죠. 삼겹살을 먹지 않는 건 퍽퍽한 고기를 선호하는 식문화의 영향도 있습니다. 하지만 그보다는 '삼겹살을 몰라서'라고 생각해요. 영미권에는 '삼겹살'이라는 부위에 대한 인식이 없으니까요. 제가 외국 친구들에게 '삼겹살'을 소개하면서 구워주면, 백이면 백 정말 좋아했거든요. 산낙지나 활어회처럼 생물로 소비하는 해산물도 먹지 않아요. 영국에서는 해산물을 생으로 먹는 것이 불법이거든요. 반드시 숙성을 거쳐야 합니다.

서양과 한국의 식사예절 문화 차이는요?

'앞접시' 문화가 있습니다. 서양에서는 무조건 개인 접시에 음식을 덜어 먹습니다. 반면 우리나라에서는 국이나 찌개를 먹을 때 냄비나 큰 그릇에 담아 다 같이 먹곤 하죠. 외국인들 입장에서는 이것이 엄청난 문화충격으로 느껴진다고 합니다. 요새는 위생 관념이 바뀌어 많이 개선되기는 했지만, 여전히 음식점에서 찌개를 다 함께 숟가락으로 떠먹는 모습을 쉽게 볼 수 있죠. 또 하나는, '후루룩' 소리를 내면서 면 요리를 먹는 문화입니다. 대표적으로 이탈리아에서는 면을 소리 내어 먹는 행위를 금기시합니다. 이처럼 서로의 식사 예절을 인지하고 차이를 이해해야 오해와 갈등이 생기지 않습니다.

해외 식당에서는 복장 때문에 쫓겨나기도 한다던데, 레스토랑에 갈 때 어떻게 입어야 하나요?

캐주얼한 식당에 가는 경우라면 복장에 신경 쓸 필요 없지만, 고급 레스토랑에 가는 경우라면 드레스코드에 맞춰 입는 것이 예의입니다. 심한 경우, 복장 때문에 입장을 거절당하는 경우도 있어요. 해외여행 가실 때, 격식 있는 옷 한 벌 정도는 챙겨가시는 것을 추천합니다. 미슐랭 식당 같은 레스토랑에 갈 수도 있고, 격식을 갖춘 옷을 입어야 입장할 수 있는 관광지에 방문할 수도 있기 때문입니다. 예전에 모나코에 갔는데, 그곳의 유명한 관광지 중 하나가 고급 호텔이거든요. 관광객들도 라운지에서 커피 한잔할 수 있는 곳인데요. 운 좋게 챙겨간 셔츠 덕분에 고급 라운지에서 커피 한잔할 수 있었습니다.

유럽에 가보니 식당마다 다른 이름을 사용하더라고요. 비스트로, 브라세리, 오스테리아 등. 어떤 차이가 있는 건가요?

유럽에서는 식당(restaurant)을 Ristorante라고 부르며, 작은 식당부터 별 3개짜리 고급 식당까지 종류가 정말 많습니다. 편하게 음식을 즐길 수 있는 작은 식당의 경우, 프랑스에서는 비스트로(Bistro), 독일에는 가스트슈테테(Gaststatte), 이탈리아에서는 트라토리아(Trattoria)라고 부릅니다. 이보다 더 캐주얼한 곳은 대체로 야외에 테이블이 놓여있는데, 간단한 음식과 음료, 맥주를 즐길 수 있는 식당으로 프랑스엔 브라세리(Brasserie), 이탈리아에는 오스테리아(Osteria)가 있습니다. 와인을 전문으로 음식을 즐길 수 있는 곳은 독일의 슈투베(Stube)와 이탈리아의 에노티카(Enoteca), 그리고 하몽과 와인을 파는 하모니아(Jamonia), 피자를 전문으로 하는 피쩨리아(Pizzeria)가 있습니다.

한 입으로 두 말하기

식당에서 쓰는 표현

◆ 예약할 때

I'd like to make a reservation for four at 7 p.m.
4인석으로 7시에 예약하고 싶습니다.

I'd like to book a table for four at eight.
8시에 4인석 테이블 예약하고 싶습니다.

Do you have 6 seats together? 6명이 함께 앉을 자리 있나요?

I'd like to have a table with a nice view, please.
전망 좋은 자리로 예약하고 싶어요.

I'd like to sit by the window. 창가 자리로 예약하고 싶어요.

◆ 주문할 때

I'd like to see the menu, please. 메뉴를 보고 싶습니다.

Can I order a drink first? 우선 음료부터 주문해도 될까요?

Can I order/May I have/Can I get an Americano, please? 커피 주문할 수 있을까요?

I'd like/I'll have a sandwich and a coffee.
샌드위치와 커피 주문하고 싶습니다.

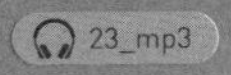

I'd like to have a white wine first. 화이트와인 먼저 마실게요.

May I order wine by the glass? 와인 한잔 주문할 수 있을까요?

·· 와인을 병으로 주문할 때: May I order wine by the bottle?

What do you recommend? 어떤 메뉴를 추천하시나요?

What dressing would you recommend? 어떤 드레싱(소스)을 추천하시나요?

What is today's special? / What are your specialties? 어떤 메뉴가 이 식당의 특선 요리인가요?

Excuse me? / Pardon? / Could you repeat that, please? (잘 알아듣지 못했을 때) 다시 말씀해 주시겠어요?

Can you hold the onion? 양파는 빼주시겠어요?

◆ 메뉴 결정을 못했을 때

We need another minute. 좀 더 시간이 필요합니다.

Can we have a little more time? 좀 더 시간을 가져도 될까요?

I'm sorry. Can we have another minute? 죄송하지만, 좀 더 시간을 주시겠어요?

◆ 부탁할 때

May I have some more water? 물 더 마실 수 있을까요?

May I have some extra sauce? 소스 더 받을 수 있을까요?

I dropped my fork. Would you bring me another one, please? 포크를 떨어트렸어요. 새 포크 갖다주실 수 있나요?

Could I have a refill on my coke, please?
콜라 리필 받을 수 있나요?

Could you bring some extra napkins, please?
냅킨 좀 가져다주시겠어요?

Could we see the menu again?
(다른 메뉴 더 주문하고 싶을 때) 메뉴판 다시 주시겠어요?

◆ 음식에 문제가 있을 때

This is not what I ordered. 제가 주문한 음식이 아닙니다.

This doesn't taste right. / This tastes funny/strange.
음식 맛이 이상해요.

This food is cold. 음식이 너무 차갑네요.

I'm sorry, but this is not cooked enough. Would you please bring me a new one?

죄송하지만, 이 음식 덜 익었어요. 새 음식으로 주실 수 있으신가요?

·· 스테이크 너무 익혀져서 질길 때: This (meat) is overcooked/tough.

There is something strange in my food.

음식에 어떤 게(이물질) 들어있어요.

Can I talk to your manager? 매니저와 얘기할 수 있을까요?

◆ 계산할 때

Let's split/share the bill. / Let's go Dutch. 각자 내자.

It's on me today. / It's my treat. / I'll treat you this time. 내가 쏠게.

Check, please. / May I have the bill/check?

계산서 주시겠어요?

There's something wrong with our bill. Could you check our bill again?

이 계산서 뭔가 틀린 것 같네요. 계산서 다시 확인해 주시겠어요?

Can I pay by card? 신용카드로 계산해도 될까요?

Keep the change. 거스름돈 가지세요.

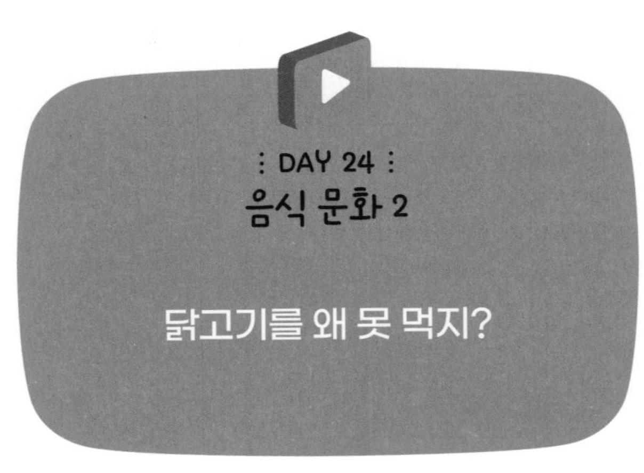

: DAY 24 :

음식 문화 2

닭고기를 왜 못 먹지?

무슬림 친구와 함께 닭 요리로 유명한 한식 음식점에 방문했습니다. 무슬림은 종교적 이유로 돼지고기를 먹지 못한다고 들어서 닭고기로 메뉴를 정했어요. 백숙, 잡채 등 주문한 음식들이 나왔고 맛있게 먹으려던 찰나였어요. 갑자기 친구가 음식을 못 먹겠다는 게 아니겠어요?

I ordered some chicken dishes. You will like them. 닭고기 요리를 주문했어. 입맛에 맞을 거야.

Umm... I don't think I can eat them.

음... 근데 나 이거 못 먹을 것 같아.

Oh, do you feel sick?

오, 어디 안 좋니?

No, I'm alright. But I can only eat halal meat.

아니, 괜찮아. 그런데 난 할랄 고기만 먹을 수 있거든.

무슬림들은 일단 돼지고기를 먹지 못한다고 합니다. 이슬람교 율법에 따라 도축된 고기를 의미하는 게 할랄(halal)인데, 한국에도 할랄 전문 식당이 많죠. 당시 저는 할랄 전문 식당으로 옮기자고 했는데 친구는 이렇게 피치 못한 상황일 경우에는 돼지고기를 제외하고는 예외를 둘 수 있다며 그냥 먹어주었어요.

I'll ask them if they have any halal meat first. Then let's order halal dishes.

우선 내가 할랄 고기가 있는지 물어볼게. 그러고 할랄 요리로 주문하자.

That's cool. If they do have some, could you order a chicken dish?

좋아. 만약 있으면, 치킨 요리 시켜줄 수 있어?

인도인들도 돼지고기를 먹지 않는다는 게 사실인가요?

네 맞아요, 인도인들은 대부분 힌두교인데요, 힌두교인들은 돼지고기를 먹지 않습니다. 돼지를 하찮다고 생각하기 때문이에요. 반대로 소를 신성시하는데요, 그래서 소고기도 먹지 않아요. 그래서 인도 햄버거 집에 가면 양고기와 닭고기로 만든 햄버거밖에 없죠. 개인 식성도 중요하지만 문화마다, 종교마다 음식 문화가 많이 다르기 때문에 다른 나라를 여행할 때는 문화 차이를 사전에 숙지하는 게 좋아요.

미국인 친구와 밥을 먹으러 갔는데 여러 메뉴를 시켜서 나눠 먹으려 했더니 꺼리는 눈치였어요. 왜 그러죠?

정이 넘치는 우리나라에서는 여러 메뉴를 주문해서 음식을 나누어 먹는 것이 이상하지 않습니다. 하지만 외국에서는 음식을 나누어 먹는 풍경을 흔히 볼 수 없습니다. 외국에서는 '내가 주문한 메뉴는 나만 먹는 것'이 기본적인 인식이죠. 저도 궁금해서 영국인 친구에게 물어봤더니 '자신이 고른 음식을 다 먹는 것에 대한 만족감을 중요하게 생각한다'라고 대답하더군요. 생각해 보니 저도 별로 좋아하지 않는 음식을 예의상 같이 먹어야 할 땐 식사의 만족도가 떨어지는 경우가 많더라고요. 서로의 문화를 이해하고 존중한다면 별로 섭섭하지 않을 거예요.

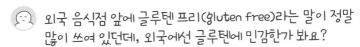

외국 음식점 앞에 글루텐 프리(gluten free)라는 말이 정말 많이 쓰여 있던데, 외국에선 글루텐에 민감한가 봐요?

밀가루에는 글루텐(gluten)이라는 단백질 성분이 포함되어 있는데 '글루텐'에 민감한 사람들은 이 성분을 소화 흡수하는 능력이 떨어진다고 해요. 이런 사람들을 위해 글루텐 성분을 제거한(gluten free) 밀가루도 시중에 나와 있죠. 그런데 몇 년 전부터 글루텐이 몸에 해롭다는 정보가 확산되면서, 미국과 유럽에서는 글루텐 없는 식품과 이런 식품을 취급하는 음식점들이 각광을 받게 되었어요. (글루텐이 정말 몸에 해로운지에 대해서는 의견이 분분합니다.) 그래서 해외 레스토랑에 가면 메뉴판에 gluten free(글루텐 없음)라는 말을 아주 쉽게 찾아볼 수 있죠. 외국인 친구를 만나서 밥을 먹기 전에, 글루텐을 먹을 수 있냐고 물어보는 것도 문화 차이를 이해하고 배려하는 성숙한 자세입니다.

미국인 친구가 채식주의자라고는 하는데 가끔 고기를 먹더라고요. 그럼 채식주의자가 아니지 않나요?

서양에는 건강의 문제로, 또 동물 보호와 환경 보호의 이유로 채식주의자(vegetarian)가 되는 사람들이 많습니다. 채식주의자에도 종류가 있습니다. 동물성 식품을 절대 섭취하지 않고 엄격하게 채식을 하는 사람들은 비건(vegan)이라고 부릅니다. 사정상 육식을 해야 하는 상황에서는 육류 섭취를 하는 사람들은 플렉시테리언(flexitarian)이라고 합니다. 이외에도 락토 베지테리언(lacto vegetarian, 유제품은 섭취할 수 있는 채식주의자), 오보 베지테리언(ovo vegetarian, 동물의 알은 섭취하는 채식주의자), 락토-오보 베지테리안(lacto-ovo vegetarian, 유제품과 동물의 알을 섭취하는 채식주의자) 등이 있습니다.

한 입으로 두 말하기

음식 먹기 전에 묻는 표현

Which food do you like best? 어떤 음식 제일 좋아해?

Is there any food that doesn't agree with you? 안 맞는 음식 있어?

Do you have any allergies? 알러지 있어?

Do you like Asian food? 아시아 음식 좋아해?

Do you want to try/experience Korean food? 한국 음식 먹어볼래?

음식 먹으면서 하는 표현

This is hot, so be careful. 뜨거우니까 조심히 먹어.

Let's dig in! 자 먹자!

Is it spicy? 매워?

Would you like to have more side dishes? 반찬 더 먹을래?

I could eat a horse. 나 너무 배고파(말 한 마리도 다 먹을 수 있을 것 같아).

Can you pass me the salt/pepper, please? 소금/후추 좀 건네줄 수 있어?

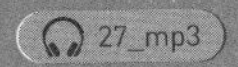

Do you think it will be enough? 양이 충분할 것 같아?

I'm going to have one more bowl of boiled rice. 밥 한 공기 더 먹어야겠어.

I think we should pack up these leftovers. 남은 음식 포장해 가는 게 좋겠어.

This food is so remarkable, so I am on cloud nine. 이 음식은 정말 끝내줘, 그래서 기분이 최고야.

음식 다 먹고 하는 표현

The dinner was outstanding. 저녁 식사가 정말 대단했어.

Thank you for having me. 초대해 줘서 고마워.

I thoroughly enjoyed myself. 난 완전히 음식에 빠졌어(즐겼어).

The meal tonight was fantastic. You've done a great job. 오늘 저녁 식사는 정말 환상적이었어. 정말 대단해.

You cooked that meal to perfection. 음식을 완벽하게 만들었어.

The food was fine, but it did not suit my own tastes to be honest. 음식은 정말 괜찮았지만, 솔직히 내 입맛에는 맞지 않았어.

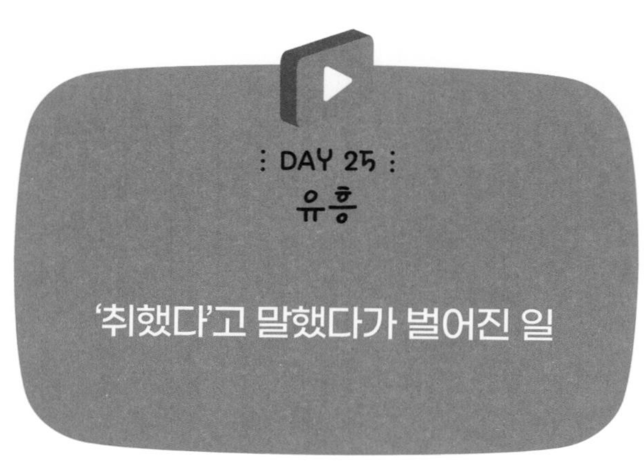

: DAY 25 :

유흥

'취했다'고 말했다가 벌어진 일

유튜브 강의

유학 생활의 하이라이트를 뽑으라면 저는 '하우스 파티'를 뽑을 것 같아요. 각자 마시고 싶은 술을 챙겨서 누군가의 집으로 모입니다. 거기서 음악을 틀어놓고 밤새도록 술을 마시는 거죠. 제가 처음으로 하우스 파티에 초대받았을 때 일이에요. 처음 만난 친구들이 대부분이었지만 다들 취해서 금세 친해졌습니다. 흥이 오른 저는, 너무 기분이 좋아서 "크으~ 취한다~!"라고 말했어요. 그런데 순간 '갑분싸'가 되었습니다.

I'm a beer person. Oh, I'm a little tipsy by the way. 나는 맥주를 좋아해. 오, 그나저나 약간 알딸딸한걸.

Ahh~ I'm high.

으아~ 나도 취한다.

Hey bro, are you serious?

이봐, 너 진심이야?

취했다고 말했더니, 분위기가 싸해졌어요. 그 이유는 high라는 단어 때문이었습니다. '취했다'는 뜻으로 알고 있던 high는 주로 마약류에 취했을 때 사용하는 표현이라고 하더군요. 간혹 대마초나 코카인과 같은 마약을 하는 하우스 파티도 있어서 high라고 말하면 오해받기 딱 좋은 상황이었던 거죠. 술에 취했을 때는 정직하게 '취했다(drunk)'라고 말하면 돼요.

I'm a beer person. Oh, I'm a little tipsy by the way. 나는 맥주를 좋아해. 오, 그나저나 약간 알딸딸한걸.

Ha-ha, I'm already drunk. What is your alcohol limit?

하하, 나는 이미 취했어. 너 주량이 어떻게 돼?

I'm a heavy drinker. 나야 술고래지.

미드에서 하우스 파티하는 장면이 나오면 마약을 하기도 하더라고요. 영국이나 미국에서는 마약이 정말 흔한가요?

다른 마약은 몰라도 마리화나(대마초)는 정말 흔합니다. 대학생들도 쉽게 구해서 피울 정도로요. 길거리에서도 마리화나 냄새를 쉽게 맡을 수 있을 정도이며 강경하게 처벌하지도 않습니다. 유럽이나 미국은 지역에 따라 마리화나가 합법인 곳도 있습니다. 영국은 최근에 합법화가 되었어요. 하지만 코카인 혹은 그 이상의 마약은 심각한 불법으로 인식됩니다. 법적 처벌 수위도 상당히 높고, 사회에서도 '약쟁이'로 낙인찍히죠. 마약은 한 사람의 인생을 송두리째 망가뜨립니다. 그러니 어떤 경우든 손대지 않기를 권합니다.

한국에선 불법인데 영국에선 합법인 유흥이 궁금해요!

대표적으로 카지노가 있습니다. 큰 범주에서는 도박인데요. 영국에서는 도박산업을 국가 차원에서 장려합니다. 국적에 상관없이 신원 확인만 되면 누구나 카지노에 입장할 수 있습니다. 또, 영국에서는 성매매도 합법이에요. 많은 한국인이 유럽 여행을 가면 호기심으로 이러한 유흥 문화를 체험하기도 하는데요. 잊지 말아야 할 것은 그 나라 사람들에게는 합법일지 몰라도 우리에게는 여전히 불법이라는 사실입니다. 우리나라는 속인주의(대한민국 국적을 가진 이상 세계 어디를 가도 한국 법의 영향을 받음)를 채택하기 때문입니다. 그래서 해외법으로는 합법이어도 국내법으로 불법이라면 예외 없이 법의 처벌을 받아요. 해외에 나갈 때는 이러한 사항을 반드시 숙지해야 합니다.

외국 클럽 분위기는 우리와 많이 다른가요?

서양에서 클럽은 춤추고 노래를 즐기러 가는 장소입니다. 우리나라에서는 노래방, 사격장, 야구장, PC방 등 술 마시고 갈 수 있는 다양한 장소들이 있잖아요. 하지만 서양에는 이런 밤 문화(?)가 발달하지 않았어요. 그래서 클럽이 노래를 부르고 에너지를 분출할 수 있는 유일한 장소입니다. 영국과 미국의 경우에는 클럽마다 매일 노래와 테마가 다릅니다. 클럽 안의 분위기는 그야말로 다이나믹 그 자체입니다. 다 함께 떼창을 하거나 같이 춤을 추기도 하고 간혹 화장실에서는 마약을 하거나 성관계를 하는 경우도 있어요. 하지만 보안 가드에게 적발되면 그 지역 클럽들에서 영구퇴출을 당하기도 하죠. 우리와는 다른 서양의 클럽 문화, 여행 가면 한 번쯤 체험해 보는 것도 좋을 것 같아요.

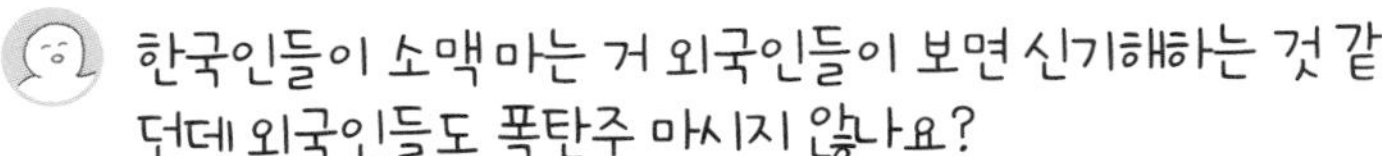

한국인들이 소맥마는 거 외국인들이 보면 신기해하는 것 같던데 외국인들도 폭탄주 마시지 않나요?

외국인들도 폭탄주를 마시죠. 대표적으로 술에 다른 술이나 음료를 섞는 혼합주인 칵테일을 즐겨 마십니다. 예전에 영국인 친구들이 제가 '소맥' 만드는 걸 보고 놀라길래, 이유를 물어보니까 마치 보드카와 맥주의 조합(센 술+더 센 술)처럼 너무 강해 보여서 놀랐다고 하더라고요. 외국인들도 폭탄주를 즐겨 마시긴 하지만, 주로 보드카에 mixer(술에 타 마시는 혼합 음료)를 넣어 가볍게 즐기는 편입니다.

한 입으로 두 말하기

술 주문할 때 쓸 수 있는 표현

Could we see the menu, please? 메뉴를 볼 수 있을까요?

What are you having? 어떤 술이 있죠?

I'll have a glass of red wine. 레드 와인 한잔 부탁해요.

Can you place that wine in a bucket of ice, please? 와인을 얼음에 넣어서 주실 수 있나요?

I'll have a vodka, straight up. 보드카 스트레이트로 주세요.

Give me a shot of whiskey. 위스키 한 잔 주세요.

I'd like a scotch on the rocks. 스카치 온더락으로 주세요.

No ice, please. 얼음은 넣지 말아 주세요.

Lots of ice, please. 얼음 많이 넣어주세요.

What do you have on tap? / What kinds of beer do you have? 어떤 종류의 맥주가 있나요?

·· on tap은 맥주 기계, 맥주통을 의미합니다.

I'll have a draft. / Give me a draft, please. 생맥주 주세요.

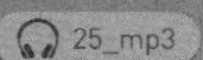

I'll have a pint of pale ale. 페일 에일 파인트 한 잔 주세요.

I'll have the same, please. / Same again, please. 같은 걸로 주세요.

Give me another. 한잔 더 주세요.

술 마시는 중에 쓸 수 있는 표현

Let's have another round. 한잔 더 하자.

Nothing for me, thanks. 전 필요 없어요. 고맙습니다.

That's enough for you. 너 그만 마시는 게 좋겠다.

I think you should slow down. 너 천천히 마셔야 할 거 같아.

Where is the restroom/toilet? 화장실 어디에 있나요?

Do you smoke? 담배 피우세요?

Have you got a light? 라이터 있으세요?

No, I don't smoke. 아니요, 담배 안 피워요.

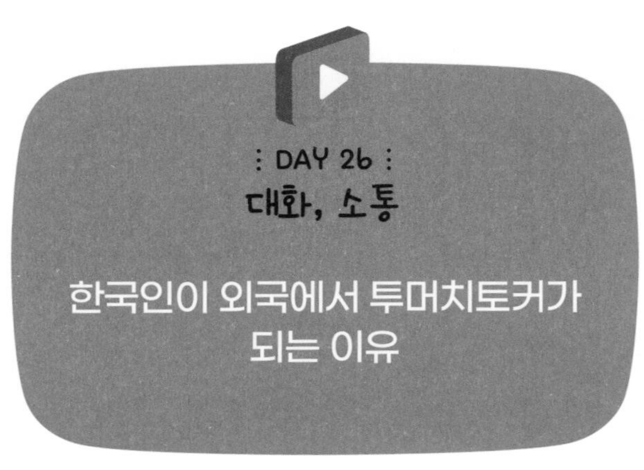

: DAY 26 :

대화, 소통

한국인이 외국에서 투머치토커가 되는 이유

제가 영국에 도착하자마자 있었던 일입니다. 영국의 입국 심사가 까다롭다고 해서 걱정이 이만저만이 아니었어요. 너무 떨린 상태로 제 차례가 되었습니다. 저는 심사관이 묻는 질문에 최대한 성의 있고 길게 대답했죠. 그런데 질문이 계속될수록 심사관이 난처하다는 표정을 짓기 시작했습니다.

Why are you entering the UK?
왜 영국에 왔나요?

I'm here on a study abroad program, sir. This is because I would like to be an English teacher. Because I'm into the English language....
해외 학습 프로그램으로 왔습니다. 왜냐하면 저는 영어 선생님이 되고 싶기 때문입니다. 제가 영어라는 언어에 빠져서....

That's enough. Please answer simply.
충분합니다. 간단하게 답해 주세요.

제가 계속 횡설수설하게 된 이유를 생각해 보니, '왜냐하면(because)'이라는 단어의 남용 때문이었어요. 실전 의사소통에서는 핵심을 간결하게 전달하는 능력이 중요합니다.

Why are you entering the UK?
왜 영국에 왔나요?

Good afternoon, sir. I'm here on a study abroad program.
안녕하세요, 심사관님. 저는 해외 학습 프로그램으로 왔습니다.

What is your major? 전공이 무엇인가요?

I'm studying English education, sir.
저는 영어교육을 공부합니다, 심사관님.

그럼 서양인들은 이유를 잘 말하지 않나요?

예전에 문화를 연구하는 한 교수가 서양인과 동양인을 대상으로 실험을 했었대요. 학교에 지각한 학생들을 대상으로 훈계를 하면 어떤 반응을 보이는지가 실험 주제였습니다. 서양인 학생들은 자신이 지각한 이유를 간결하게만 설명했대요. 하지만 반면 동양인 학생들은 지각한 이유에 대해서, 가령 화장실이 고장 났거나 하는 이유를 자세하게 설명했다고 합니다. 서양인들은 개인주의 문화를 가지고 있기 때문에 불필요한 부연 설명을 하지 않는 경향이 있어요. 상대방이 먼저 자세한 정보를 물어본 경우를 제외하면 말이죠. 주로 대화에서 꼭 필요한 경우에만 이유를 말합니다. 그런데 동서양의 문화 차이를 떠나서 저같이 영어 회화를 교과서로 연습한 경우에도 이러한 실수를 할 수 있습니다. 길게 말하려는 연습을 하려다 보니 because를 자주 사용하게 된 거죠. 이건 단순 영어뿐만 아니라 우리말로도 대단히 어색한 대화일 겁니다.

대화할 때 원어민처럼 말을 매끄럽게 이어가는 꿀팁 없나요?

우리도 말을 할 때 잠깐 생각해야 하거나, 단어가 떠오르지 않을 때 '음…'과 같은 추임새를 자주 사용하잖아요, 원어민들도 추임새(filler words)를 적절하게 쓰며 말을 매끄럽게 이어갑니다. 예를 들어, Um, You know(망설일 때), Well/Hmm(생각 중일 때, 시간을 끌 때), I guess(정확하지 않을 때), Basically(요약할 때), You know what I mean?(상대방이 이해하는지 확인할 때), I mean(말을 정정할 때, 명확하게 하고 싶을 때), actually, obviously, totally(강조할 때) 등 여러 추임새를 사용하죠. 너무 많이 사용하면 자신 없어 보일 수도 있으니 적절하게 사용해 주세요.

한국에서는 상관없지만, 대화 중에 외국인에게 물어보면 실례가 될 수 있는 질문 같은 게 있을까요?

네, 있습니다. 사생활에 관련한 개인적인 질문은 개인주의가 중시되는 서양에서는 실례될 수 있고, 상대가 불편하게 받아들일 수 있습니다. 예를 들어서, 첫째로, 가까운 사이가 아니라면 상대방에게 가족, 연애, 결혼, 임신, 자녀 계획에 관해서 물어보는 건 안 하시는 게 좋습니다. 외국인 입장에서는 마치 사생활에 관여해서 조사받는 느낌을 받아 불편함을 느낄 수도 있습니다. 둘째로, 상대방에게 집, 물품 구매 비용에 관련해서 '좋네요. 얼마 들었어요?'와 같은 질문도 가급적 하지 않는 게 좋습니다. 한국에서는 정보나 꿀팁을 나누는 분위기가 있어서 이런 질문을 일상에서 주고받는 편이지만, 외국인 입장에서 개인 재산에 대한 과한 관심을 받은 느낌을 받을 수 있습니다. 하지만 이런 질문들이 외국인에게 무조건 실례가 된다고 말씀드릴 수는 없습니다. 왜냐하면 대화 맥락, 분위기 그리고 상대의 가치관에 따라 상대방이 받아들이는 게 다를 수 있기 때문입니다.

대화할 때 쓸 수 있는 유용한 표현

◆ 요점 말하기

‥ 대화 중에 상대방의 질문에 횡설수설하게 답을 하거나 장황하게 말을 할 경우, 상대방에게 말의 요점이 잘 전달되지 않을 수 있습니다. 이런 상황에서 결국 요점을 이해하지 못한 외국인이 So, what's your point?(그래서 요점이 뭔데?) 또는 Get to the point. / Cut to the chase.(요점만 말해 봐.)와 같은 말을 여러분께 할 수도 있습니다. 이런 상황에서 상대방의 질문에 답을 간결하게 전달하려고 할 때, 쓸 수 있는 영어 회화 표현을 몇 가지 다뤄 보겠습니다.

My point is (that) you can't please everybody.

내 말은 모든 사람을 만족시킬 수 없다는 거야(모든 사람의 비위를 맞출 수 없다).

What I mean is (that) nobody can be perfect.

내 말은 어느 누구도 완벽할 수 없다는 거야.

What I'm trying to say is (that) he didn't mean to hurt you.

내가 하고 싶은 말은 그가 널 상처 주려고 한 게 아니란 거야.

All I'm saying/All I'm trying to say is (that) there is no such thing as a free lunch.

내가 말하려는 것은 세상에 공짜는 없다는 거야.

◆ 상대방의 말에 호응하기

‥ 대화 중에 상대방의 말에 호응할 때 쓸 수 있는 영어 표현도 다뤄 보겠습니다. 만약 대화 중에 상대방의 말에 아무 말이나 반응도 없이 듣기만 하면, 자칫 어색한 적막이 흐르거나 대화가 밋밋해질 수 있습니다. 이런 상황을 모면하기 위해서는 의사소통 과정에서 상대방의 말에 호응하는 것도 중요합니다.

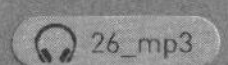

And then?	그리고 나서는?
For what?	뭐 때문에?
How come? / Why?	왜?
Seriously? / Are you serious?	진짜야?
No way!	말도 안 돼!
Poor thing.	이런 안됐다.
Oh, that's why you did this.	오, 그래서 그랬던 거구나.
Oh, I see.	오, 이해했어.
Good for you.	잘됐다.
I hear you.	듣고 있어.
Tell me about it! / That's what I'm talking about. / That's what I'm saying.	내 말이!
Aww, that's horrible. Are you okay?	어우, 끔찍하다. 괜찮아?
I know how you feel.	어떻게 느꼈을지 알아.

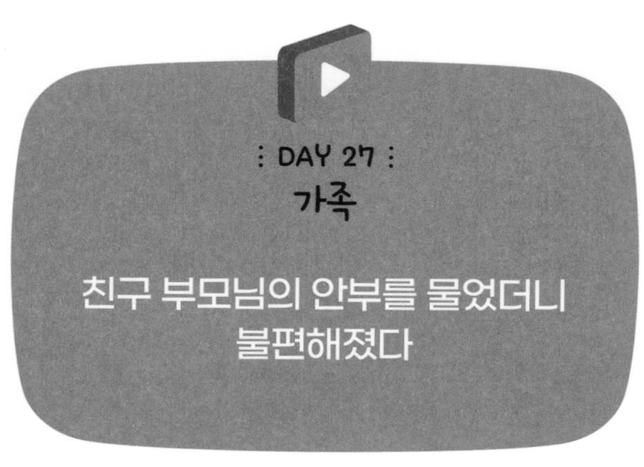

: DAY 27 :

가족

친구 부모님의 안부를 물었더니 불편해졌다

대학교 2학년 때의 일입니다. 긴 여름방학을 마치고 새 학기를 위해 영국으로 다시 돌아왔어요. 길거리에서 우연히 같은 반 영국인 친구와 마주쳐서 반갑게 인사했죠. 오랜만에 봤으니 서로의 안부를 물었는데, 친구가 예상치 못한 반응을 보였습니다.

So, how was your holiday? You stayed in South Korea, right? 그래서 방학은 어땠어? 너 한국에서 지냈지?

Yeah, it was a fantastic summer break. What about you? Are your parents alright?
훌륭한 여름방학이었어. 너는 어땠어? 부모님은 잘 지내시지?

Yeah.... It was great. But why do you ask me about my parents? 으응.... 괜찮았어. 근데 우리 부모님은 왜?

아시아 문화권에서는 공동체주의를 추구해서 한 사람을 단순한 '개인'으로 인식하기보다 그의 부모님이나 가족까지 함께 생각한대요. 영국인 친구 입장에서는 부모님 안부를 묻는 게 어색할 수 있으니 이 경우 가족과 좋은 시간을 보냈는지 물어보는 게 낫겠죠?

So, how was your holiday? You stayed in South Korea, right? 그래서 방학은 어땠어? 너 한국에서 지냈지?

Yeah, it was a fantastic summer break. What about you? Did you spend a lot of time with your family?
응, 멋진 방학이었지. 너는? 가족들과 시간 많이 보냈니?

Holiday was amazing. I stayed in my parents' house. 방학 정말 좋았어. 난 부모님 댁에서 지냈어.

서양인들은 정말 성인이 되면 부모님으로부터 독립하나요?

대체로 그렇습니다. 성인이 되었으니 '스스로 살아간다'는 정신적 독립, 부모님으로부터 독립해 살고 경제적 지원을 받지 않는 '경제적 독립'을 하죠. 제가 사귀었던 영국인 친구들 중에는 학비나 용돈을 받는 친구는 거의 없었어요. 대부분 학자금 대출을 받아서 학비를 내고 알바를 해서 생활비를 벌어요. 그래서 부모들이 자녀가 성년이 되면 부모 집을 떠나 독립할 수 있도록 교육합니다. 예를 들어서, 아이가 어릴 때부터 노동을 통해 돈을 벌어야 한다는 것을 가르치기 위해서, 옆집의 잔디를 깎는다거나 레모네이드를 팔아서 용돈을 버는 경험을 해 보게 합니다. 하지만 외국도 사람 사는 곳인지라 부모마다 자녀 교육법이 천차만별입니다. 영미권에서도 부모의 치맛바람으로 스트레스를 받는 자녀들이 많다고 해요. 이렇게 자녀에게 과하게 간섭하고 독립심을 해치는 부모를 helicopter parents(헬리콥터 부모)라고 부르기도 한다고 해요.

우리나라는 고부 갈등이 심하잖아요, 외국에도 고부 갈등이 있나요?

당연히 있습니다. 영어로 'In-law conflict'라고 해요. 한 영국인 친구는 고부 갈등의 원인을 이렇게 설명했어요. 시어머니가 아들을 너무 끔찍하게 아낀 나머지 아들이 최고의 대접을 받아야 한다고 생각해서 그러는 거라고요. 아들이 만나 결혼을 하는 여자는 당연히 그만한 자격이 있는 여자여야겠죠. 결국 어머니의 과한 아들 사랑으로 인해, 어떤 여자를 데리고 와도 성에 차지 않고 동시에 아들을 빼앗겼다는 질투심에 시어머니와 며느리 사이에 갈등이 빚어진다고요. 국적과 문화를 막론하고 고부 갈등은 어디에나 있는 것 같아요.

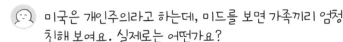

미국은 개인주의라고 하는데, 미드를 보면 가족끼리 엄청 친해 보여요. 실제로는 어떤가요?

맞아요. 미드에서 보신 것처럼, 대부분의 미국인들은 자유시간을 가족과 함께 보내며 가족 중심의 생활을 합니다. (개인이나 환경에 따라 차이는 있을 수 있지만요.) 미국은 특히 직장 회식 문화가 없고, 눈치 보며 야근하는 경우도 드물기 때문에 대부분 일찍 귀가해서 가족들과 여가 시간을 즐기죠. 자녀를 둔 미국인의 경우, 자유시간에 가족과 시간을 보내는 것을 더욱 중시합니다. 그래서 미국에서는 아이가 태어나면 아이와 친해질 시간을 갖기 위해 부모 둘 다 대략 4~6주 정도의 육아 휴직을 쓴다고 해요. 미국에선 아빠들도 육아휴직을 많이 쓰는데요, 아빠들이 육아휴직을 쓰는 것을 paternity leave(아빠의 출산휴가)라고 합니다. 아이와 유대감을 형성하기 위한 시간이라는 의미로 bonding time(친해지는 시간)이라고도 하죠.

한 입으로 두 말하기

가족에 관해 물을 때 쓰는 표현

Do you live with your parents? 부모님과 같이 사세요?

How many family members do you have? 가족이 몇 명이에요?

Do you have any brothers or sisters/siblings? 형제나 자매가 있으세요?

가족에 관해 말할 때 쓰는 표현

There are four people in my family. 우리 가족은 4명입니다.

I'm an only child. 저는 외동입니다.

I have an older brother. 형 한 명 있습니다.

I'm the eldest. 전 첫째입니다.

I'm the youngest. 나는 막내예요.

I have a big family. 전 식구가 많아요. (대가족)

I have an older brother and a younger sister. 나는 오빠(형) 한 명과 여동생 한 명 있어요.

I still live with my parents. 전 아직도 부모님과 함께 살고 있어요.

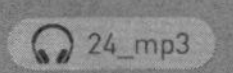

I've been living on my own. 혼자 살고 있어요.

I've been living on my own since I was 22.
전 22살부터 혼자 살고 있어요.

I have moved out (of my parents' house).
부모님 집에서 나와 독립했어요.

My parents are very strict. 우리 부모님은 진짜 엄격하셔.

My parents are very conservative. 우리 부모님은 진짜 보수적이셔.

I get along well with my older sister. 난 언니(누나)랑 친해요.

I don't really get along with my younger brother.
전 제 남동생하고 친하지 않아요.

My parents live in Busan. 우리 부모님은 부산에 사셔.

My older sister studies psychology.
제 누나(언니)는 심리학을 전공하고 있어요.

My younger brother is getting married in July.
내 남동생은 7월에 결혼할 예정이야.

Recently, my father has retired from work.
최근에 저희 아버지는 은퇴하셨어요.

PART
3

여행 가서 자주 하는 영어 실수

이번 파트에서는 여행 가서 자주 하는 영어 실수를 알아봅니다. 실수에서 건진 유용한 영어 표현은 물론, 여행 꿀팁도 함께 챙겨가세요.

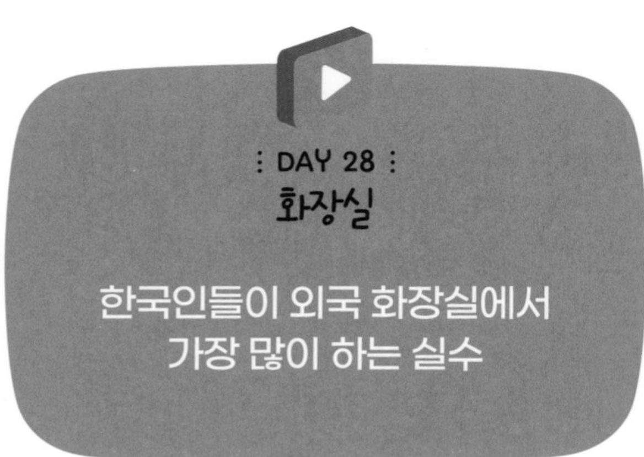

DAY 28 화장실

한국인들이 외국 화장실에서 가장 많이 하는 실수

유튜브 강의

미국 텍사스의 작은 호텔에 갔을 때의 일입니다. 숙소에서 샤워하고 개운하게 쉬고 있는데 누가 문을 쾅쾅 두드리는 거예요. 문을 열어봤더니 호텔 지배인이었어요. 그는 화가 난 표정으로 잠시 방 안을 살펴봐도 되냐고 물었습니다. 무슨 일이 생겼나 했는데 화장실을 가보더니 저에게 벌금을 내야 한다고 말하는 거예요!

Look at this bathroom. You have to pay for the damage to the floor.

이 화장실 보세요. 바닥 손상에 대한 벌금을 내셔야 해요.

Why do I have to pay for it? I just took a shower.

왜 제가 그에 대한 벌금을 내야 하죠? 저는 단지 샤워를 했을 뿐인데.

Because you have flooded the whole bathroom.

왜냐하면 화장실 전체에 물이 넘치게 했으니까요.

화장실에 물이 안 빠져 물바다가 되어 있었어요. 한국 화장실은 '습식'이라 배수구가 있어서 물도 빠지고 물청소도 할 수 있지만 서양은 배수구가 없는 '건식'이 많아서 바닥에 물이 튀지 않도록 항상 주의해야 해요. 샤워 커튼도 꼭 욕조 안쪽으로 쳐야 합니다.

Could you tell me any regulation or policy that I need to know about?

제가 반드시 알아야 할 정책이나 규정들을 알려 주실 수 있으신가요?

You can't smoke inside the room and you have to shower inside the bathtub with the shower curtain closed. Do not let water spill out.

방 안에서 금연이고, 샤워커튼 닫고 욕조에서 샤워하세요. 물 튀지 않게요.

I got it. 이해했습니다.

레스토랑에서 화장실을 쓰고 나왔더니 돈을 달라고 하는데요, 음식점 화장실은 무료 아닌가요?

일단 외국에서는 대부분 유료 화장실입니다. 자판기처럼 돈을 넣으면 문이 열려서 사용할 수 있는 화장실도 있고, 관리인이 앞에서 이용료를 받고 입장시키는 화장실도 있습니다. 가격은 보통 0.5유로에서 1유로(650~1,300원)입니다. 음식점은 보통 음식을 먹으면 무료인데, 간혹 화장실 이용료를 따로 내야 하는 음식점도 있습니다. 당장 동전이 없거나, 너무 급할 때 사용할 수 있는 팁은, 맥도널드나 스타벅스 같은 프랜차이즈 음식점의 화장실을 이용하는 겁니다.

영국 화장실에 갔는데 세면대 수도꼭지가 두 개였어요. 왜 이런 거죠?

영국 화장실에는 수도꼭지(water tap)가 두 개인 경우가 많습니다. 뜨거운 물 차가운 물이 각각의 수도꼭지에서 따로 나와요. 수도꼭지를 이렇게 설계한 이유는 위생 때문이에요. 상수도 배관에서 나오는 차가운 물은 괜찮은데, 뜨거운 물이 나오는 물탱크는 수질 관리가 쉽지 않기 때문에 오래전부터 두 물을 분리해 사용한 겁니다.

화장실을 toilet, restroom, washroom, bathroom이라고 부르잖아요. 도대체 뭐가 다른 거죠?

모두 '화장실'이라는 의미는 통하는데요, 어감에 조금씩 차이가 있습니다. 우선 미국식, 영국식 영어로 나누면, 미국 영어로는 toilet은 '변기'를 뜻하기도 해서, 집 안의 화장실은 bathroom, 집 밖의 화장실은 restroom이라고 부릅니다. bathroom은 목욕(bath)을 할 수 있는 욕조가 있는 화장실을 부르는 말이라고 생각할 수도 있는데요, 욕조가 없어도 bathroom이라고 해도 됩니다. restroom의 경우, 가정집 화장실이 아닌 외부 건물의 화장실을 칭할 때만 사용합니다. 영국 영어로는 화장실을 toilet이나 lavatory라고 부르는데요, loo라는 단어도 자주 씁니다.

미드 보니까 미국인들이 화장실에 약을 보관하더라고요. 왜 약을 화장실에 보관하나요?

화장실 거울 뒤에 있는 보관함에서 약을 꺼내 먹는 장면, 많이 보셨죠? 미국 주택에는 화장실이 보통 2개 이상인데요, 1층 화장실은 주로 손님도 사용하는 덜 개인적인 공간인 반면, 개인 침실 근처 화장실은 사생활이 보장되는 공간이라고 생각하죠. 그래서 남들에게 보이고 싶지 않은 약들을 화장실 거울 뒤 보관함에 보관해요. 또 다른 이유로는 약을 먹을 때 수돗물을 마실 수도 있고, 소변을 이용한 검사를 할 수도 있고, 소독할 때 상처를 바로 세척할 수 있어서 화장실이 약을 보관하기 적합하다고 생각하는 것도 있어요.

한 입으로 두 말하기

헷갈리는 화장실/욕실 용품 영어 단어

Conditioner	린스
Razor	면도기
Hair dryer	드라이기
Bathrobe	호텔(목욕) 가운
Toothpaste	치약
Toothbrush	칫솔
Toilet brush	변기솔
Sink	세면대
Medicine cabinet	화장실 수납장 (*영어권 나라의 일부가 의약품을 화장실에 보관하기 때문)
Foot scrubber	발 각질 제거 도구
Mouthwash	구강청결제 (가그린)

화장실/욕실 관련 표현

Where is the ladies'/gents' room? 여자/남자 화장실이 어딘가요?

I need some toilet paper. Can you send some up?
나 휴지가 필요해. 좀 줄래? (*휴지가 없을 때 언제든 사용할 수 있음)

Be careful not to get water in the main area of the bathroom. 욕실(바닥)에 물이 묻지 않게 주의하세요.

How do I flush the toilet/loo? 화장실 물 어떻게 내리나요?

The sink/toilet has been clogged. 세면대/변기가 막혔어요.

The shampoo/soap has run out. 샴푸/비누가 다 떨어졌어요.

Can I get more towels/toilet paper? 수건/휴지 좀 더 주실 수 있나요?

Hot water is not running (from the tap).
(수도꼭지에서) 온수가 안 나와요.

The toilet has not been cleaned properly.
화장실이 청소가 제대로 되어 있지 않아요.

The tap keeps leaking. 수도꼭지가 계속 새요.

The shower is broken. 샤워기가 고장 났어요.

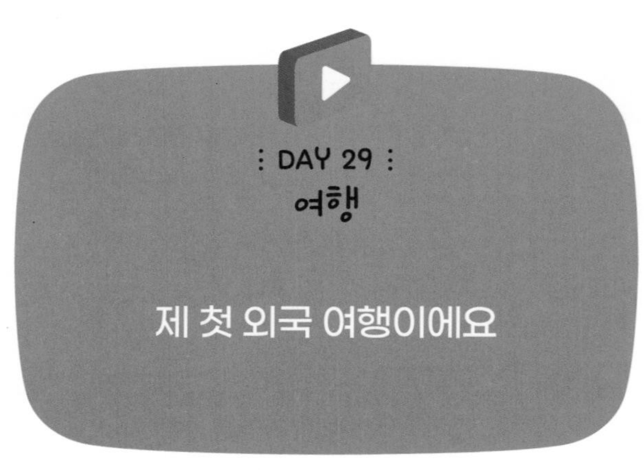

: DAY 29 :

여행

제 첫 외국 여행이에요

한창 영어 공부에 열을 올리던 스무 살 때였습니다. 제가 그토록 열심히 한 이유는 해외여행을 가기 위해서였어요. 몇 달 동안 열심히 공부하고 여행을 떠났죠. 처음 도착한 여행지는 이탈리아 로마였습니다. 호스텔에서 맥주 한 잔을 하며 한껏 분위기에 취해 있는데 한 미국인이 말을 걸었습니다.

So, are you here to study? Are you an international student?

그래서 이탈리아엔 공부하러 왔나요? 유학생인가요?

No, I'm travelling. And this is my first time to visit here. 아니오, 저는 여행 중이에요. 이번이 이곳 처음 방문이에요.

여기에 사소하지만, 우리가 많이 저지르는 영어 실수가 숨어있습니다. 바로 '처음 방문이다(first time to visit)'라는 표현이에요. 해외여행을 하면 매 순간이 첫 방문(first time)일 가능성이 높죠. 그래서 이 표현을 많이 사용하게 되는데, 이것이 틀린 이유는 to부정사에는 '미래지향적'인 성격이 있습니다. 그래서 미래에 일어날 일을 지금 일어나고 있는 것처럼 어색한 표현이 돼요. 이럴 때는 현재를 나타내는 '사실지향적'인 -ing를 사용해야 하죠.

So, are you here to study? Are you an international student?

그래서 이탈리아엔 공부하러 왔나요? 유학생인가요?

No, I'm travelling and this is my first time visiting here, Rome. I'm travelling around Europe.

아니오, 여행 중이고 여기 로마는 처음이에요. 유럽 여행을 하고 있고요.

해외여행을 가려면 여행 영어를 따로 공부해야 하나요?

해외여행을 위한 영어보다는 그냥 '영어'를 공부하세요. 여행 영어라고 해서 전혀 다른 분야가 따로 있는 게 아니거든요. 우리가 일상에서 쓰는 말이 곧 여행에서 쓰는 말입니다. 여행에서는 여행 관련 단어를 많이 사용하기 때문에 그런 단어들을 미리 알고 가는 것은 도움이 되겠죠. 무엇보다 중요한 건, 여행하려는 나라의 화폐, 예절, 법, 문화 등을 알아보는 겁니다. 개인적으로는 이게 언어보다 중요하다고 생각해요.

유럽에서는 영어를 사용하면 무시하거나 못 들은 척한다고 그러던데, 정말인가요?

아주 예전에는 그랬다고 해요. 하지만 세계화 시대이고 해외여행도 정말 흔해졌죠. 세계화 시대입니다. 영어를 사용한다고 해서 차별대우를 받거나 불합리한 상황을 경험하는 일은 현저히 줄었죠. 특히 유럽의 대도시는 관광사업이 차지하는 비중이 월등히 높기 때문에 여행객들을 불친절하게 대우하면 장기적으로 자신들의 생업에 지장을 줄 것이라는 것을 알고 있습니다. 또 21세기에 들어서며 '인종 차별'이라는 이슈가 매우 중요하게 다루어져 왔습니다. 보통의 교양을 가지고 있다면, 자국어를 안 쓰고 영어를 쓴다는 이유로 차별을 하지 않을 것입니다.

해외여행 가면 외국인 친구를 사귀어 보고 싶어요! 어디서 만나는 게 좋을까요?

해외여행 중에 외국인 친구를 사귈 방법은 정말 많습니다. 펍이나 클럽에서 놀다가 사귈 수도 있고 앱을 통해서 사귈 수도 있죠. 저는 호스텔에서 친구를 사귀는 방법을 적극 추천합니다. 호스텔에 머물다 보면 외국인들과 주방이나 거실을 함께 사용하다가 대화할 기회가 정말 많거든요. 호스텔 이용객 중에는 혼자 배낭여행 온 사람들이 많아서 서로의 여행 일정을 공유하면서 일정이 맞으면 같이 여행을 가기도 하고요.

영알남의 첫 유럽 여행에서 가장 황당했던 경험은?

혹시 유럽 화장실에는 변기가 2개라는 거 알고 계시나요? 생각보다 많은 분이 두 변기의 차이를 잘 모르시더라고요. 뚜껑이 있는 변기 하나와 그 옆에 수도가 달린 변기가 또 하나 있습니다. 첫 유럽 여행을 갔을 때 변기가 두 개라서 완전히 당황했죠. 수도가 달린 변기에서는 물이 나오니까 낮은 세면대인 줄 알았어요. 그러다가 여행 중에 친해진 한 유럽 친구에게 두 변기의 차이에 대해서 물어보니 수도가 달린 변기는 비데라고 하더라고요! 비데에 손을 닦지 않아서 정말 다행이었죠. 나중에 들은 바로는 유럽으로 패키지 여행을 가신 한국 어르신분들이 가끔 그 비데에 과일이나 채소를 담가 놓고 씻으신다고 해요. 혹시라도 변기 2개의 진실을 모르셨다면 유럽 가기 전에 미리 알아두세요.

여행 중에 숙소에서 쓸 수 있는 표현

I have a reservation under the name of Jenny Jamison. 제니 제미슨이라는 이름으로 예약했어요.

I've got a reservation here. My name is Sam Jones. 여기 예약했어요. 제 이름은 샘 존스입니다.

How do I access the Internet? 인터넷에 어떻게 접속할 수 있나요?

What's the Wi-Fi password? 와이파이 비밀번호가 뭐죠?

Is there a complimentary breakfast? 아침 식사 무료로 제공하나요?

My room needs towels. 방에 수건이 필요해요.

I have a little problem with room 808. There are many bugs in the room. 808번 방에 문제가 있어요. 방 안에 벌레가 많네요.

I want to change my room immediately. 당장 방을 바꾸고 싶어요.

Could you tell the people in the room next to us to be quiet? 우리 옆방에 있는 사람한테 조용히 해달라고 말씀해주실 수 있나요?

Is there somewhere we can leave our bags until the late afternoon? 오후 늦게까지 우리 가방을 맡길 곳이 있을까요?

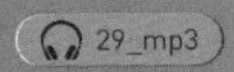

Does your hotel have a fitness facility?
이 호텔에 피트니스 시설 있나요?

Do I have to pay extra? 추가 요금을 내야 하나요?

What are the gym hours? / When does the gym open and close? 피트니스 시설 운영 시간은 어떻게 되나요?

I need more free stuff like shampoo and soap.
무료로 제공하는 샴푸와 비누가 더 필요해요.

My minibar is empty. Can you restock my minibar, please? 미니바가 비었어요. 미니바 좀 채워 주실 수 있으신가요?

Does this hotel have a pool? / Is there a swimming pool in this hotel? 이 호텔에 수영장 있나요?

Can you get me a taxi, please? / Could you please reserve a taxi for me? 택시를 불러 주시겠어요?

I want to check out. / I am checking out. Here is my room key. 체크아웃할게요. 여기 방 열쇠 드릴게요.

Do you have a storage room for my bags?
제 가방들을 보관할 수 있는 공간이 있을까요?

여행 중에 외국인들과 어울릴 때 쓸 수 있는 표현

So, where (are) you from? 근데 어디서 오셨어요?

Are you travelling alone? 혼자 여행하세요?

Is this your first time travelling alone? 혼자 여행하는 거 처음이세요?

Is this seat taken? 여기 자리 있어요?

Can I borrow a cup of sugar? 설탕 한 컵 빌릴 수 있을까요?

Do you have Instagram? 인스타그램 하세요?

Who's the most interesting person you follow on Instagram? 인스타그램에서 팔로우하는 사람 중에 가장 흥미로운 사람은 누구예요?

How's your trip so far? / How do you find your trip so far? 지금까지 여행 어땠어요?

Have you enjoyed your trip? 여행 즐기고 있어요?

What's next on your trip? 다음 여행지는 어디예요?

Have you been to Sagrada Familia? It's magnificent.

사그라다 파밀리아 가보셨어요? 거기 웅장해요.

Where would you recommend that I travel to next?

다음에 제가 여행 가기 좋은 곳 추천해 주시겠어요?

I really like your bag. Where did you buy it?

가방 정말 멋지네요. 어디서 구매했어요?

What's the best meal you've ever eaten while travelling?

여행하는 동안 가장 좋았던 음식은 뭐예요?

We're off to the pub. Want to join us?

우리 펍 가려고 하는데. 우리랑 같이 갈래요?

What would you recommend for someone like me to do here?

저 같은 관광객한테 여기서 뭘 하길 권하시겠어요?

Can you recommend any good places to eat at?

여기 좋은 음식점 있으면 추천해 주시겠어요?

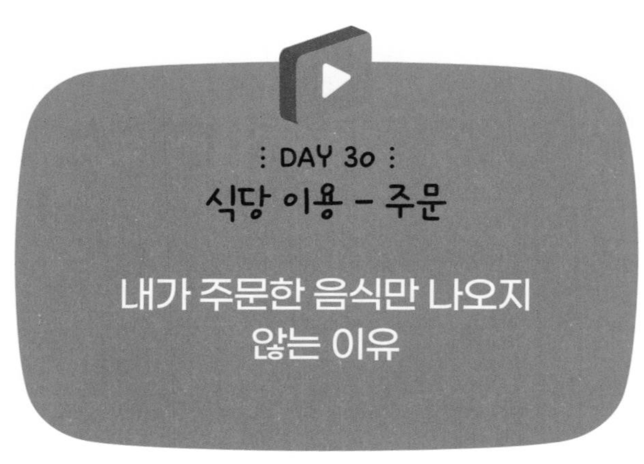

: DAY 30 :

식당 이용 – 주문

내가 주문한 음식만 나오지 않는 이유

독일 소시지를 먹겠다는 일념으로 뮌헨에 갔을 때 일입니다. 구글에서 찾은 꽤 평점이 높은 레스토랑에 방문했어요. 유명한 곳이라 그런지 사람이 정말 많았습니다. 기대하던 소시지와 맥주를 시키고 오랜 시간을 기다렸는데 30분 동안이나 음식이 나오지 않는 거예요. 급기야 저는 웨이터를 불러서 따졌습니다.

Hello? We ordered our food ages ago.
저기요? 저희 아주 한참 전에 음식을 주문했는데요.

They have just started cooking. Please wait a little longer. 주방에서 막 요리를 시작했어요. 조금만 기다려 주세요.

For how long? Are you discriminating now?
얼마나요? 지금 차별 대우하시는 겁니까?

30분 가까이 기다렸는데 이제 막 요리를 시작했다는 웨이터의 말에 '차별 대우 하냐'고 격하게 반응했죠. 음식은 금방 서빙되었고, 식당 지배인까지 등장해 사과했습니다. 지나고 생각해 보니 차별 대우는 아니었고, 그 식당의 서빙이 원체 늦었던 것 같아요.

Hello? We ordered our food ages ago.
저기요? 저희 아주 한참 전에 음식을 주문했는데요.

They have just started cooking. Please wait a little longer. 주방에서 막 요리를 시작했어요. 조금만 기다려 주세요.

Okay, could we have a draft beer then?
알겠습니다. 그럼 맥주 (먼저) 갖다 주시겠어요?

Sure. 물론이죠.

단순히 서빙이 늦는 건지 차별 대우를 하는 건지는 어떻게 구분하나요?

다른 테이블과 비교해 보면 됩니다. 식당에 비슷하게 입장한 혹은 비슷한 타이밍에 주문한 다른 테이블의 음식이 훨씬 먼저 나온다면 차별 대우일 가능성이 높습니다. 저는 스페인에서 제 주문을 아예 받지 않았던 적도 있었어요. 옆에 있던 미국인 관광객 테이블은 저보다 늦게 착석했음에도 불구하고 이미 음식 주문을 하고 기다리고 있었죠. 레스토랑에서 일한 경험이 있는 이탈리아인 친구에게 물어봤더니, 실제로 몇몇 소수의 종업원들은 백인 손님이 아닌 테이블 (주로 아시아인들의) 주문을 기피하는 경우가 있다고 하더라고요. 만약 식당에 갔는데 이런 조짐이 조금이라도 보인다면 고민하지 말고 그냥 빨리 다른 식당으로 옮기는 게 정신 건강에 좋습니다. 맞서 싸우거나 따져도 이득이 하나도 없거든요.

유럽에서는 손을 들어 웨이터를 부르면 결례라고 하던데, 사실인가요?

이 에티켓은 주로 격식을 갖춰야 하는 파인 다이닝(고급 레스토랑)의 경우에 적용됩니다. 손을 들어 웨이터를 부르는 게 아니라, 웨이터가 알아서 서비스를 제공할 때까지 기다리는 것이 매너이죠. 보통 이런 곳에서는 웨이터와 눈만 마주쳐도 서비스를 도와줍니다. 하지만 일반적인 레스토랑에서는 바쁜 상황에서 손짓하지 않으면 웨이터를 부를 수가 없어요. 조용히 손을 들어 불러도 결례가 아니죠.

여행 중에 식당에 가서 빈자리에 앉으려고 하다가 제지당했어요. ㅠㅠ

어떤 식당에서건 지켜야 할 예절이 바로, 식당 입구에서 웨이터의 안내를 기다렸다가 착석하는 것입니다. 빈자리가 있다고 마음대로 앉는 건 서비스를 제공하는 직원을 무시하는 행위로 간주될 수도 있습니다. 식당에 들어서면 입구에서 직원이 인사하고, 예약 여부 확인한 후 자리를 안내할 거예요. 직접 주문과 픽업하는 패스트푸드점이나 캐주얼한 식당을 이용하는 경우가 아니라면, 웨이터의 안내를 기다리는 것이 에티켓입니다.

영알남의 첫 유럽 여행에서 가장 황당했던 경험은?

어렵게 문장을 만들 필요 없이, 내가 시키려고 하는 메뉴의 이름을 단어로만 명확히 전달하면 됩니다. 그리고 요새는 식당 메뉴판에 음식마다 번호가 쓰여있어서, 간단히 'number O please(O번 주세요)'라고 말하면 쉽죠. 의외로, 주문하는 것보다 어려운 것이 '듣기' 입니다. 점원이 하는 말을 듣지 못하면 정말 난감하거든요. 귀 기울여 들어야 할 표현은 다음과 같습니다.

- For here or to go? 여기서 드시나요 아니면 포장해 가시나요? (미국식)
- Eat in or takeaway? 여기서 드시나요 아니면 포장해 가시나요? (영국식))
- Do you want to split the bill? 계산 따로 나눠서 하시겠습니까?
- Would you like a receipt? 영수증 필요하십니까?

한 입으로 두 말하기

주문할 때 쓸 수 있는 표현

◆ 주문할 때

Menu, please? / Can I have the menu? 메뉴 보여주실래요?

Can I order now? 지금 주문할 수 있을까요?

Can you give us two more minutes, please? 잠깐만 시간을 좀 더 주실 수 있으세요?

We need a few more minutes. 시간이 좀 더 필요해요.

What is the special today? 오늘 특별한 메뉴가 뭐죠?

What would you recommend? 어떤 걸 추천하시나요?

What kinds of drinks do you have? / What drinks do you have? (alcoholic, ades, sodas, etc.) 음료는 어떤 게 있죠? (알콜 류, 에이드, 탄산음료 등)

Could I have some more water? 물 좀 더 주시겠어요?

Could we have some more bread, please? 빵 좀 더 주시겠어요?

Can I have some more salad dressing? 샐러드 드레싱 더 받을 수 있을까요?

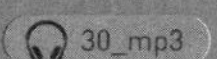

Could you please tell me the most popular dish in your restaurant? 이 식당에서 제일 유명한 음식은 어떤 건가요?

I have a question. What's Ossobuco?
질문이 있어요. 오소부코는 어떤 요리인가요?

The same for me. 저도 똑같은 거 주세요.

Does it come with French fries?
이 요리에 감자튀김도 같이 나오나요?

How long will it take? 얼마나 걸릴까요?

I almost forgot to mention one thing. I want ice with my Coke. 한가지 말씀드리는 걸 까먹었네요. 콜라에 얼음 넣어주세요.

◆ 다른 요청 사항이 있을 때

Can you please leave the corn off my pizza?
피자에 옥수수 빼주시겠어요?

No onions, please. 양파 빼주세요.

Leave the cilantro out of my dish, please.
제 요리에서 고수 좀 빼주세요.

I want another fork, please. 포크 하나 더 주시겠어요?

I want one more dessert spoon. 디저트 스푼 하나 더 필요해요.

Excuse me, the cup is dirty. Could you please bring a clean one? 실례합니다. 이 컵 깨끗하지 않네요. 깨끗한 걸로 가져다주시겠어요?

◆ 주문한 음료/요리가 너무 안 나올 때

Excuse me. I haven't got my order yet.
실례합니다. 제 주문이 아직도 안 나왔어요.

Could you check on our order? 저희 주문 확인해 주시겠어요?

How much longer do I have to wait?
얼마나 더 기다려야 하나요?

Why is it taking so long? 왜 이렇게 오래 걸리죠?

Sorry to bother you. Could you speed up our orders?
번거롭게 죄송합니다. 음식 좀 빨리 주실 수 있을까요?

Excuse me, I'm still waiting for my order.
죄송하지만, 주문하고 아직 기다리고 있어요.

It's been 30 minutes since we gave you our orders, but we haven't received anything yet.
주문한지 20분이 지났는데, 요리를 하나도 못 받았어요.

Is my drink almost ready? 음료 언제 나오나요?

Excuse me, I think you may have forgotten to bring me my drink. 실례지만 제 음료 가져다주시는 걸 깜빡한 것 같아요.

I'm sorry to bother you. Any idea how much longer it will be? 번거롭게 해드려서 죄송합니다. 혹시 얼마나 걸릴지 아시나요?

I'm sorry, but could you check on our order?
죄송하지만, 저희 주문한 것 확인해 주시겠어요?

I was wondering when the food might be out.
음식이 언제 나올지 알 수 있을까요?

Any idea when my food will be out?
제 음식 언제 나올지 아시나요?

I just want you to check on my steak.
제 스테이크 나오는지 알고 싶습니다.

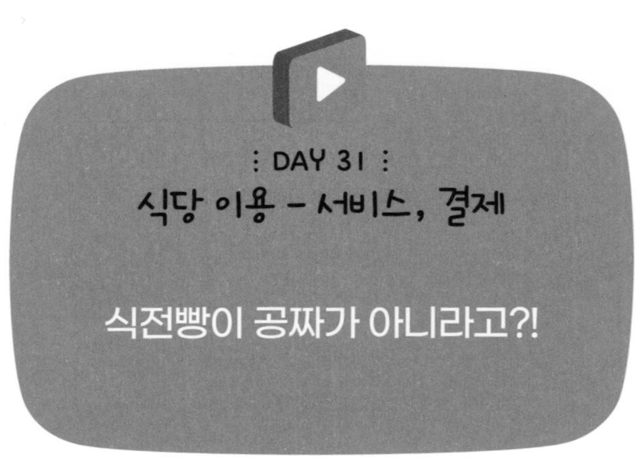

DAY 31
식당 이용 - 서비스, 결제
식전빵이 공짜가 아니라고?!

프랑스에서 꽤 유명한 파스타 레스토랑에 갔었어요. 음식을 주문했는데 너무 배가 고픈 거예요. 마침 테이블 위에 빵과 버터가 올려져 있더라고요. 혹시나 해서 웨이터에게 이 빵이 서비스가 맞는지 확인했습니다. 웨이터는 그렇다고 답했고, 그제야 저는 안심하고 신나게 먹었죠. 심지어 리필까지 해서 먹었습니다. 만족스러운 식사를 마치고, 계산 후 영수증을 체크하는데 정말 충격적인 일이 벌어졌습니다. 빵 가격이 어마어마하게 부과된 거예요.

Is this bread service, right?
이 빵 서비스 맞죠?

Umm... Yes, that is our service.
음... 네 그렇습니다. 저희가 제공하는 서비스입니다.

So, why do I have to pay for it?
그럼 왜 제가 이 금액을 지불해야 하죠?

Because that is our service, sir.
왜냐하면 그건 저희가 제공하는 서비스니까요.

한국에서는 서비스(service)가 '공짜로 제공되는'이라는 의미인데 영어로는 '돈을 받고 대접한다'예요. '공짜'는 complimentary나 free를 써야 하죠. 웨이터 입장에서는 식당에서 제공하는 것(서비스)이라서 그렇다고 대답한 거겠죠.

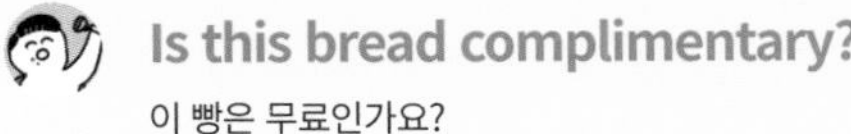
Is this bread complimentary?
이 빵은 무료인가요?

No, sir. I will charge you two Euros for each basket you eat. 아닙니다, 손님. 각 바구니에 2유로 부과됩니다.

I see. I didn't know that. I've had three baskets so far, so.... 그렇군요. 몰랐어요. 세 바구니를 먹었는데 그러면....

해외에서는 무조건 팁을 내야 하나요?

엄밀히 말하면 팁은 미국과 캐나다의 문화입니다. 물론 선택 사항이지만 관습적으로 자리 잡혀서 모두가 팁을 내죠. 유럽에서 팁은 어디까지나 개인의 자유입니다. 팁을 낼 의사가 없는데 팁을 강요하거나 최종 금액에 팁을 포함한다면 명백한 불법이에요. 그래서 계산할 때 영수증에 적힌 메뉴와 금액을 꼼꼼히 확인하는 것이 중요해요. 부당한 금액이 팁으로 청구되어 있을 때는 곧바로 이의를 제기해야 하니까요. 반면, 너무 만족스러운 서비스를 받아서 마음에서 우러나온다면 팁을 내도 좋아요. 유럽 기준으로 보통 결제 금액의 10% 정도의 팁을 내죠. 만약 잔돈이 1~2유로정도 되면 테이블 위에 계산서와 함께 올려두고 나오면 됩니다.

해외에서 카드로 더치페이를 하고 싶을 땐 어떻게 해야 하나요?

먼저, 용어 정리를 하고 갈게요. 우리가 흔히 생각하는 1/N은 더치페이가 아닙니다. 1/N의 정확한 표현은 '나눠 내기(split pay)'입니다. 더치페이는 자기의 몫만 따로 결제하는 것을 의미하거든요. 가령 친구와 중국집에 갔는데 나는 8,000원짜리 자장면을 먹었고 친구는 7,000원짜리 짬뽕을 먹었다면, 더치페이의 경우 나는 짜장면 값인 8,000원을 내는 거죠. 나눠 내기(split pay)를 하면 총액을 머릿수만큼 나눈 7,500원을 계산하면 되고요. 종업원에게 '더치페이'인지 '나눠 내기'인지 지불 방식만 명확하게 말하면 됩니다. 혹시 민폐일까 눈치보지 않으셔도 돼요. 각자 나눠서 결제하는 것이 우리나라보다 더욱 활성화되어 있거든요.

영알남이 겪은 최고의 식당 불친절은 뭐예요? 컴플레인 팁은 없을까요?

불친절은 '음식을 주문 받을 때' 가장 적나라하게 드러난다고 생각해요. 주문을 받는 직원의 태도가 그 식당의 이미지까지 결정할 정도이죠. 제가 겪은 최악의 식당은 주문 받는 직원의 불친절한 태도였어요. 메뉴판을 던지듯 건네줬고 화가 났나 싶을 정도의 어조로 주문을 받더니 급기야 대놓고 한숨을 쉬더라고요. 음식은 훌륭했지만, 직원의 태도 때문에 최악의 기억으로 남게 되었습니다. 이런 경우, 컴플레인을 걸어도 됩니다. 식당의 책임자(매니저)를 불러서 자초지종을 설명하면 돼요. 직접적으로 컴플레인을 거는 방식이 부담스럽다면, 구글 리뷰에 별점과 함께 한 마디 글을 남기는 것도 좋습니다.

음식을 다 먹자마자 치워가던데, 혹시 빨리 나가라는 건가요? 아니면 차별 대우?

한국에서는 음료, 메인 음식, 사이드 메뉴를 주문하면 한 번에 나오는 것과 달리, 유럽에서는 보편적으로 음료 → 애피타이저 → 메인 → 디저트 순으로 서비스를 제공합니다. 그래서 손님이 식사를 마치면 접시를 즉각 치워주며 다음 식사에 더 집중할 수 있도록 해야 하죠. 물론 직원의 태도가 다른 손님을 대하는 것과 달리 유독 쌀쌀맞다면 차별이라고 볼 수도 있겠죠. 하지만 단지 비워진 접시를 빨리 치워간다는 이유로 차별이라고 받아들이지는 않는 것이 좋습니다.

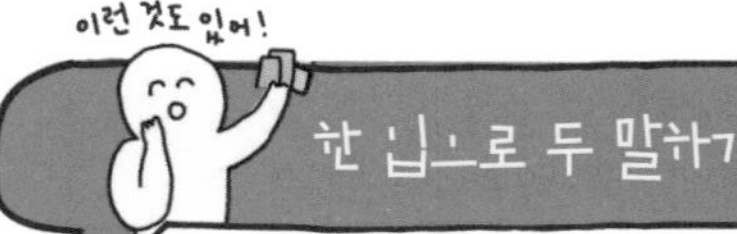

식당에서 문제가 생겼을 때 쓸 수 있는 표현

◆ 음식이 잘못 나왔을 때

I would like to speak to the manager.

매니저와 얘기하고 싶어요.

I'm sorry, but this isn't what I ordered.

죄송하지만 제가 주문한 음식이 아니에요.

Excuse me, I didn't get the potatoes that came with my order.

실례합니다. 저 주문한 거랑 같이 오는 포테이토 못 받았어요.

◆ 음식에 문제가 있을 때

This is burnt. Could you take care of it, please?

음식이 탔네요. 어떻게 좀 해 주시겠어요?

I'm sorry to bother you, but my food is cold. Could you warm it up for me?

번거롭게 해드려서 죄송하지만, 제 음식이 차가워요. 좀 데워주실 수 있나요?

I'm sorry to say this, but this tastes strange/funny.

이런 말씀드려서 죄송하지만, 이 음식 맛이 이상해요.

Sorry, but I ordered a mild version of the dish. But this is very spicy.

죄송하지만, 전 순한 맛을 시켰는데 너무 맵네요.

Excuse me. I asked for my steak well done. But you've brought me a rare steak.

실례합니다. 웰던 스테이크를 주문했는데 레어 스테이크를 가져다주셨어요.

I'm sorry to have to say this, but the meat is raw.

이런 말해서 죄송하지만, 고기가 안 익었어요.

This fish isn't fresh. 생선이 신선하지 않네요.

This meat is so hard. 고기가 너무 딱딱해요.

This meat is too tough. 고기가 너무 질겨요.

I found a hair in my food. 이 음식에서 머리카락이 나왔어요.

I'm not happy at all with the service.

서비스에 만족하지 못해요.

◆ 계산이 잘못됐을 때

There seems to be a mistake on the bill.

이 계산서 잘못된 것 같아요.

This isn't right. What's this for?

계산이 잘못된 것 같은데요. 이 금액은 뭐죠?

I didn't get the right change. 받은 거스름돈이 모자라요.

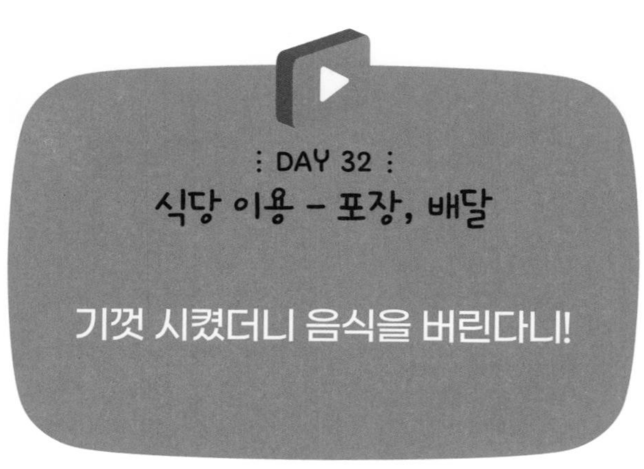

: DAY 32 :

식당 이용 - 포장, 배달

기껏 시켰더니 음식을 버린다니!

제가 유학 전, 영국 여행할 때 가장 많이 먹은 음식은 케밥이었습니다. 맛있고 영양소도 풍부해서 한 끼 식사로 제격이었거든요. 케밥집 사장님들은 인심도 좋고요. 하루는 여행 일정이 빠듯해서 케밥을 테이크아웃하려는데, 갑자기 종업원이 음식을 버리겠냐고(?) 물어보는 거예요. '이건 대체 무슨 상황이지?' 정말 혼돈 그 자체였습니다.

Chicken doner kebab, please. **Take out.**
치킨 도너 케밥 주세요. 테이크아웃이요.

One chicken doner kebab. Eat in or takeaway?
치킨 도너 케밥 하나요. 드시고 가시나요 아니면 포장인가요?

Wait... away, what? No....
잠시만요... away 뭐라고요? 아뇨....

'포장해서 간다'는 말을 take out 또는 to go로만 알고 있었는데, takeaway라니, throw away(버리다)가 연상되면서 음식을 버린다고 착각하고 아니라고 대답했네요. 그러자 직원이 접시에 서빙해 주더라고요. 알고 보니 takeaway는 '포장 음식'이라는 뜻의 영국식 영어였습니다.

Chicken doner kebab, please. **I want takeaway.**
치킨 도너 케밥 주세요. 포장이요.

Alright, one chicken doner kebab. Takeaway.
네, 치킨 도너 케밥 하나. 포장이요.

Yes, please. Can I get some napkins, too?
네, 그렇게 해 주세요. 냅킨도 좀 얻을 수 있을까요?

No worries. I'll get you some wet wipes, too.
문제없습니다. 물티슈도 챙겨드릴게요.

영국이나 유럽인들도 배달 음식을 많이 먹나요?

예전엔 음식 배달 인프라는 한국이 압도적인 수준이었습니다. 하지만 미국과 영국, 독일 등을 중심으로 다양한 배달대행업체들이 등장하면서 해외에도 배달 시스템이 많이 발달했고 보편적으로 자리잡기 시작했어요. 외국에서도 우리나라처럼 앱을 통해 주문하고요, 24시간 배달도 가능합니다. 차이점이 있다면 배달원들이 주로 오토바이가 아닌 자전거나 자가용을 이용한다는 거예요. 한번은 배달원이 벤츠를 타고 피자 배달을 왔던 적도 있었어요.

해외에서 전화로 배달 주문을 하려는데 자신이 없어요. 전화 배달에 관해서 알려 주세요.

요새는 해외에서도 음식 배달을 스마트폰 앱이나 웹사이트를 통해 할 수 있어서 전화 주문을 하는 경우는 드물긴 해요. 그래도 종종 전화로 배달 주문을 해야 하는 경우가 생기죠. 배달 영어에서 가장 중요한 팁을 드리자면 '단어 위주로 또박또박 말하는 것'입니다. 전화를 걸기 전에 식당의 메뉴를 보고 무엇을 시킬지 미리 정해놓는 것도 중요하죠. 주문할 때는 메뉴 이름을 말하기보다는 메뉴에 적혀있는 숫자를 말하는 것을 추천합니다. 예를 들어 3번 치즈버거 세트를 2개를 시켜야 한다면 'Two cheeseburger combos, please(치즈버거 세트 두 개 주세요)'라고 할 수도 있지만, 그냥 'Two number 3s, please.(3번 2개 주세요)'라고 간단명료하게 주문해도 됩니다. 너무 긴장하지 말고 전달하려는 정보만 정확하게 전달하는 것을 목표로 하세요.

영미권에서 가장 인기 있는 배달 메뉴가 뭐죠?

영국에서 가장 인기 있는 배달 메뉴 1위는 인도 요리입니다. 식민지 지배 시기를 거치며 두 나라는 식문화에서도 서로 많은 영향을 주고받았죠. 특별한 날이나 가족 외식할 때도 인도 요리를 정말 많이 먹습니다. 그다음은 중국 요리예요. 영국에 많은 중국인들이 살고 있어서 중식당이 정말 많아요. 중국 요리는 연령층이 낮은, 학생들을 중심으로 많은 인기를 끌고 있습니다. 미국의 경우, 주마다 다를 수는 있지만, 인기 1위는 멕시코 음식이에요. 부리또가 가장 인기 많은 메뉴죠. 그다음으로 인기가 많은 메뉴는 햄버거와 피자입니다. 미국인들의 소울푸드나 다름없죠. 뿐만 아니라 요새 미국에서는 중국, 인도, 일본, 태국, 베트남 등 다양한 아시아 국가들의 요리들도 인기를 얻고 있다고 합니다.

숨은 맛집을 찾는 영알남만의 팁은?

맛집을 찾을 때 한국 블로그보다는 구글에서 찾아보는 걸 적극 추천합니다. 블로그를 보고 찾아간 음식점에는 정말 한국 음식점을 방불케 할 정도로 한국인 관광객이 많거든요. 그래서 한국어 메뉴가 별도로 준비되어 있기도 하고, 요리도 한국인 입맛에 더 맞게 요리되어서 나오는 경우가 많죠. 물론 이것도 안전한 선택이 될 순 있지만, 이왕 귀한 시간과 값진 비용을 내서 멀리 해외로 나왔으니 현지 분위기를 맘껏 즐기게 더 좋지 않을까요? 구글 검색은 어렵지 않습니다. 예를 들어, 베니스에서 피자 맛집을 찾고 싶다면 Best pizza restaurant in Venice를 구글 검색창에 치면 됩니다. 이때, 필터 설정을 평점 4.0 이상으로 하고 리뷰가 괜찮은지 확인하면 숨은 맛집을 찾을 수 있습니다.

한 입으로 두 말하기

음식 포장 요청할 때

To go/Takeaway, please. 가져갈게요.

I want takeaway. 포장해 주세요.

Can I get it to take it away? 가져갈 수 있을까요?

One cheeseburger to go, please. 치즈버거 하나 포장해 주세요.

Can I have a doggy bag/carry-out bag? 포장되나요?

Would you wrap up these two chicken burritos? 치킨 부리또 2개 포장될까요?

I'd like to take the rest with me. 나머지는 포장해 주세요.

Can/May I have a doggy bag/to-go box? 포장해 갈 수 있을까요?

May I take this home with me? / Can I get it wrapped up? 이 음식 가져갈 수 있을까요?

Excuse me, I'm so full. Could I please get this boxed up? 실례합니다. 너무 배부르네요. 이 음식 싸주실 수 있나요?

전화로 포장/배달 주문할 때

I'd like to/I'm calling to place an order for carryout.
포장 주문하려고 합니다.

I'd like to place an order for delivery. 배달 주문하려고 합니다.

Hi. Can I get a double barbecue pizza for delivery?
안녕하세요. 더블 바비큐 피자 한 판 배달 가능할까요?

Can I have that delivered at 2 o'clock?
2시에 받을 수 있을까요?

I'd like to pick it up at 4 o'clock. 4시에 가지러 갈게요.

Can I pay with a card when it's delivered?
배달 받으면 카드 결제해도 되나요?

Can you repeat my order, please? 주문 확인 부탁드려도 될까요?

I have a promotion code. Can I redeem it?
할인 코드가 있어요. 쓸 수 있을까요?

How much is the order in total? 총 얼마인가요?

How long will it take to arrive?
배달 주문하면 (도착하는데) 시간이 얼마나 걸리죠?

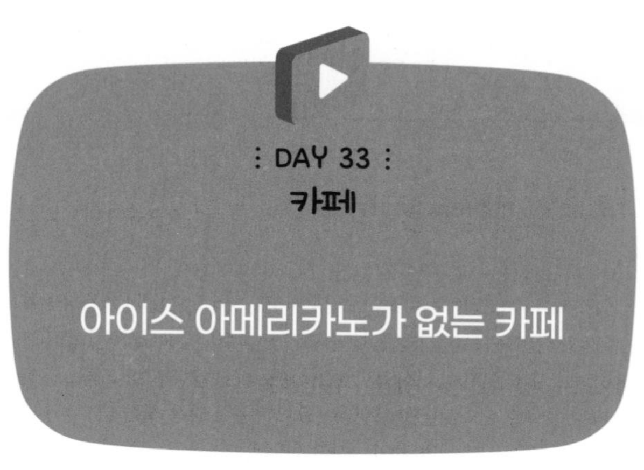

: DAY 33 :

카페

아이스 아메리카노가 없는 카페

처음으로 유럽 여행을 갔을 때의 일입니다. 첫날 이탈리아에서 20km 이상을 걸어서 정말 힘들었어요. 시원한 아이스 아메리카노 한 잔이 간절하더라고요. 일행과 얼른 카페로 들어가서 Two ice Americano, please.(아이스 아메리카노 두 잔이요.)라고 주문했어요. 그런데 점원이 주문을 못 알아듣는 거예요. 다시 큰 소리로 말했어요. 아이스 아메리카노 두 잔이요!

Two ice Americano, please.
아이스 아메리카노 두 잔이요.

Pardon? Americano? You want black coffee?
네? 아메리카노요? 블랙커피를 원하시나요?

No, TWO ICE AMERICANO, please.
아니요, 아.이.스 아.메.리.카.노 두.잔.이요.

이탈리아에서는 대부분 에스프레소나 카푸치노를 마시고 아메리카노를 마시는 것이 흔치 않다고 해요. 최근에는 이탈리아에서도 아메리카노를 많이 마시기 시작했는데 아이스 아메리카노를 시키면 따뜻한 아메리카노와 얼음을 따로 주기도 해요. 혹시 알아듣지 못하면 아메리카노와 얼음을 함께(Americano with ice) 달라고 요청하면 됩니다.

Two iced Americanos, please.
아이스 아메리카노 두 잔이요.

Pardon? Two Americanos, black?
네? 아메리카노 두 잔, 블랙커피 말인가요?

Yes, black coffee. Two Americanos with ice.
네, 블랙커피요. 아메리카노 두 잔 얼음과 함께요.

No problem. 그럼요.

우리나라에선 흔하지 않은데 외국에서 많이 마시는 음료는 뭐가 있나요?

유럽에서 흔히 마시는 음료 1위는 단연 '에스프레소'입니다. 유럽인들은 커피 본연의 향미를 즐기기 위해 아메리카노가 아닌 샷 그대로의 에스프레소를 고집하는 경향이 있습니다. 또, 탄산수를 식사할 때나 일상에서나 물처럼 자주 마시죠. 고급 레스토랑에서는 물 대신 탄산수를 서빙하기도 합니다. 미국인들이 마시는 음료로는 '루트비어(root beer)'가 있어요. 열매 과즙에서 추출한 향유를 탄산수, 당분과 섞어 만드는 음료입니다. 콜라와 비슷한 색인데, 맛이 설명하기 힘들 정도로 독특해요. 그래서 한국인들 사이에서는 호불호가 확실히 갈립니다. 영국에도 비슷한 음료가 있는데, '아이런브루(Irn-Bru)'라고 부르는 음료수입니다. '스코틀랜드 사이다'라고 불리죠. 에너지드링크 같은 맛이 납니다.

유럽은 물이 달라서 커피가 더 맛있다는 설도 있던데…

맞아요. 다들 아시다시피 유럽의 물은 석회가 많이 함유된 경수(hard water)입니다. 커피포트에 물을 끓이면 하얀 가루가 남기도 하고, 여행 가서 머리를 감으면 뻑뻑한 느낌이 드는 것도 이 때문이죠. 그래서 많은 사람들이 유럽으로 여행을 가면 생수를 사 먹어요. 저도 이탈리아의 커피가 맛있는 이유가 물 때문이라는 말을 많이 들었어요. 경수에 커피의 쓴맛이 더 잘 스며든다는 썰도 있는데요. 원두나 커피 내리는 기술 등의 차이가 더해져 맛있는 커피가 완성되었겠죠?

영알남이 꼭 추천하는 카페 메뉴가 있다면?

영국에 가면 밀크티를 한 번 마셔보세요. 한국의 밀크티와 맛이 다릅니다. 달달한 인스턴트 맛이 아닌, 홍차와 우유가 어우러진 부드럽고 연한 맛이에요. 직접 만들 수도 있는데요, 만드는 법은 매우 간단합니다. 컵에 끓인 물을 붓고, 홍차 티백을 넣어 2~3분간 우린 다음, 티백을 건져 낸 후, 우유를 위에 살짝 흘리듯 부어주면 됩니다. 티백을 5분 이상 우리면 떫은맛이 나서 3분 정도가 좋다고 해요. 마무리로 설탕 1~2스푼을 넣으면 완성입니다. 여기서 밀크티와 관련된 재미있는 논쟁이 있는데요. 한국의 탕수육 '찍먹'과 '부먹' 논쟁과 비슷해요. 밀크티를 만들 때 홍차를 먼저 넣어야 하는지, 우유를 먼저 넣어야 하는지에 관한 건데요. 우유가 먼저인 사람을 MIF(Milk in First), 홍차가 먼저인 사람들을 MIA(Milk in After)라고 합니다. TMI지만, 저는 MIA입니다. ^^

한 입으로 두 말하기

카페에서 자주 듣는 표현

Hi, how may I help you? 안녕하세요, 무엇을 도와드릴까요?

May I take your order? 주문하시겠어요?

What would you like? / What will you have? 무엇을 드시겠어요?

Which size? / What size would you like? / What size will that be? 사이즈는 어떻게 하시겠어요?

Eat in or takeaway? 여기서 드실 건가요 아니면 가져가실 건가요?

Is that everything? / Is that all? / Will that be all? / Would you like anything else? 더 필요한 건 없으세요?

Your total is/That will be/That comes to $12. 다해서 12달러입니다.

카페에서 자주 쓸 수 있는 표현

Hello. I would like to have a cup of coffee, please. 안녕하세요. 커피 한 잔 마시고 싶습니다.

Could I just get a cappuccino, please? 카푸치노 한 잔 주시겠어요?

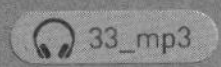

Can I get a shot of espresso, please? 에스프레소 한 샷 주세요.

Can I get an extra shot in my latte? 라테에 에스프레소 샷 추가요.

The small sized one is fine. 작은 사이즈로 주세요.

What flavors do you have? 어떤 맛이 있나요?

I'll get these. / Please let me get these. 그거 할게요.

For here. 먹고 갈게요.

To takeaway. / To go. 가져갈게요.

Here you are. / Here you go. 여기 있어요.

Sorry, I ordered a cappuccino, but this is a latte. 죄송하지만, 전 카푸치노를 시켰는데 라테를 받았어요.

What time does the café close? 카페 몇 시에 문을 닫나요?

Do you have Internet access here? 여기 인터넷 접속이 되나요?

What's the password for the Wi-Fi? 와이파이 비밀번호가 뭐죠?

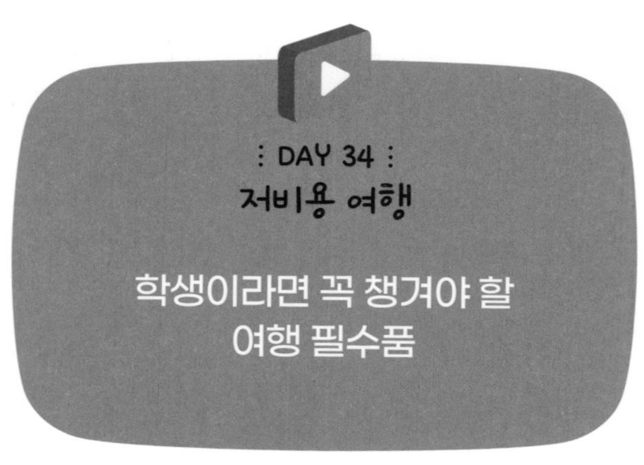

: DAY 34 :
저비용 여행
학생이라면 꼭 챙겨야 할
여행 필수품

25유로!?
카드되나요...?
매표소
· 성인 : 25유로
· 학생 할인 O

대학생 시절, 이탈리아 로마에 간 저는 박물관에 갈 생각에 정말 들떴어요. 로마는 그야말로 역사의 보고잖아요. 들뜬 마음으로 매표소에 여권을 내미는 순간, 생각지도 못한 입장권 가격에 머리를 띵 맞은 것 같았습니다.

One adult please. Here is my passport.

성인 한 명입니다. 여권 여기 있습니다.

One adult, 25 euros.

성인 한 명, 25유로요.

(Gosh...) Can I pay with a credit card?

(헉...) 카드 되나요?

가난한 유학생에겐 부담스러운 가격이었어요. 어느 날 여행하다 만난 친구가 학생 할인을 왜 안 받냐고 묻더군요. 유럽 대부분 관광지에서 10~50%까지 학생 할인을 받을 수 있다는 사실을 늦게 알았죠. 국제학생증을 발급하거나 학교 이름이 영문으로 된 국내 학생증도 사용 가능합니다. 학생 할인이 가능한지 여부를 먼저 물어보는 것, 잊지 마세요.

One adult please. I'm a student. Can I get a student discount?

성인 한 명이요. 제가 학생인데 학생 할인을 받을 수 있을까요?

We offer a 30% discount for all students.

저희는 모든 학생들에게 30%의 할인을 제공하고 있습니다.

Wow, thanks. Here's my student ID card.

와, 감사합니다. 제 학생증 여기 있습니다.

학생 할인 말고도 여행지에서 할인을 받을 수 있는 방법이 있다면 소개해 주세요!

우선 공연 할인이 있습니다. 뮤지컬의 성지인 런던이나 미국에서는 공연 관람은 필수죠. 대부분 티켓을 온라인으로 예매하는데요, 오프라인 티켓 박스에 일찍 가서 문의하면 당일 공연 중 남는 좌석을 엄청나게 싼 가격에 팔기도 해요. 일종의 '땡처리' 같은 거죠. 심지어 오스트리아에서는 오페라를 입석 가격 3유로에 볼 수도 있어요. 두 번째 팁은, 티켓 할인 어플을 활용하는 겁니다. 잘만 이용하면 각종 관광지 입장권, 기차표를 최저가로 구매할 수 있어요. 마지막으로, 가장 실질적인 도움이 될 수 있는데 대부분 그냥 지나치는 것이 바로 '여행자 인포메이션 센터(tourist information centre)'입니다. 저는 여행지에 도착하면 여기부터 들러요. 그 지역의 가장 최신 여행 정보를 제공하기 때문입니다. 무엇을 해야 하는지부터 무엇을 봐야 하는지, 또 저렴하게 여행을 즐길 수 있는 각종 현지 팁을 친절하게 알려줍니다.

해외여행에서 경비를 절약할 수 있는 팁 있을까요?

제가 가장 추천하는 팁은 '무료 투어(free tour)'예요. 보통 여행사나 현지 개인 가이드들이 각종 무료 투어를 여는데요. 도시 곳곳을 걸어 다니면서 역사와 숨은 이야기들을 소개해 주는 '걷기 투어(walking tour)'부터 밤에 이곳저곳을 돌아다니며 각종 괴담과 공포스런 이야기를 들려주는 '귀신 투어(ghost tour)'까지 다양한 무료 투어가 많습니다. 호텔이나 호스텔, 혹은 여행자 인포메이션 센터(tourist information centre)에서 투어 정보를 확인할 수 있습니다. 기본적으로 비용은 무료이고요, 투어가 정말 만족스러웠다면 자발적으로 팁을 낼 수도 있어요.

영국처럼 물가가 비싼 나라에서는 어떻게 돈을 아끼죠?

영국은 물가가 비싸기로 유명한 나라죠. 인건비가 비싸기 때문이에요. 레스토랑처럼 인건비가 많이 들어가는 서비스 업종은 가격이 비싸죠. 하지만 반대로 생활 물가는 정말 저렴한 편에 속합니다. 대형마트에서는 300원에 1L짜리 물을 살 수도 있고, 우유 2L에 1,500원이 안 하는 상품도 있어요. 그렇기 때문에 영국을 비롯한 유럽에서 경비를 절약하며 여행하는 방법은 직접 장을 봐서 식사를 해결하는 거예요. 한 끼 식비만 아껴도 3~4만 원은 절약할 수 있으니까요.

예산이 많지 않아서 호스텔을 이용하려 하는데 많이 불편할까요?

호스텔은 가격이 저렴하고 외국 친구를 사귈 수 있는 장점도 있지만, 불편한 점도 많아요. 호스텔은 보통 4인실에서 12인실까지 있는데요, 코를 심하게 고는 사람이 있거나, 늦은 밤에 놀다 들어와서 소음을 내는 사람이 있으면 잠자리가 괴로워지죠. 짐 보관을 위해서 개인 자물쇠를 하나 꼭 챙겨가는 게 좋습니다. 방 안에 로커가 있지만 대부분 개인 자물쇠를 제공하지 않고, 자물쇠를 제공하는 경우에도 물건을 도난당하는 경우가 종종 발생하기 때문이죠. 그러니 만약 호스텔 이용할 계획이라면 귀중품은 아예 가져가지 않는 것이 좋고요, 현금은 잘 때 베개 뒤에나 입고 있는 옷에 소지하고 있는 것이 안전합니다.

한 입으로 두 말하기

할인을 요청하는 표현

Can you give me a discount? 할인해 주실 수 있나요?

Do you have any sale items? / Do you have any items on sale? 지금 세일 중인 품목 있나요?

How much is the discount? 얼마나 할인하죠?

When is the sale over? 언제 세일 끝나죠?

Can I get a student discount? 학생 할인 되나요?

How much of a discount can I get? 얼마나 할인이 되나요?

Do you have a discount for bulk purchases? 대량 주문하면 할인해 주시나요?

I was wondering if you could give me a five-pound discount. 5파운드 깎아주실 수 있는지 궁금합니다.

I was wondering if you could give us an additional 10% discount from the initial price. 정가에서 10% 할인해 주실 수 있는지 궁금합니다.

What is the maximum discount offered? 최고 할인율은 얼마인가요?

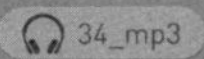

Do you offer a discount for cash payments?

현금으로 결제하면 할인 제공하나요?

If I book in advance, can I get a discounted ticket?

미리 예약하면, 할인 티켓을 받을 수 있을까요?

할인 관련해서 자주 듣는 표현

It's on sale now. 지금은 할인 중입니다.

All items are on sale. 모든 품목이 할인 중입니다.

Everything is 20% off. / All items are 20% off. / We are having a 20% off sale. 모든 품목을 20% 할인하고 있습니다.

All shirts are 20% off. 모든 셔츠는 20% 할인해요.

You will see a sales rack at the back of the store.

가게 뒤쪽에 가시면 세일 품목이 진열돼 있습니다.

There are no price reductions. 할인이 안됩니다.

This item is not on sale because it is the newest item in the store. 이 제품은 신상품이라 세일 품목이 아닙니다.

We give a 10 percent discount off the list price.

정가의 10%를 할인해 드려요.

This item is marked down 30% off the original price.

이 제품은 정가에서 30% 인하됐습니다.

We can offer you an additional 10% discount.

10% 추가 할인을 해 드릴 수 있어요.

There will be an additional 10% off the sale price.

할인된 가격에서 10% 더 할인해 드려요.

Groups of 4 or more receive a 10% discount.

4명 이상의 단체는 10%의 할인을 받아요.

We can offer a 10% discount on purchases of 5 or more units.

5개 이상 주문하시면 10% 할인해 드려요.

You can get two for the price of one.

물건 한 개 값으로 두 개 살 수 있어요.

Customers are offered a 10% discount if they pay in cash.

현금으로 지불하는 고객은 10% 할인을 해 드려요.

There are reductions for students.

학생들에게는 할인이 돼요.

Members can get a 10 percent discount.

회원은 10%의 할인을 받을 수 있어요.

You can get an additional 5% discount if you present your membership card.

멤버십 카드를 제시하면 5% 추가 할인 혜택을 받을 수 있어요.

That chain of discount stores has sales every week.

이 할인점은 매주 특별 세일을 합니다.

All items are offered at discount prices.

모든 제품은 할인가에 제공됩니다.

Wine and beer are both on special offer this week.

이번 주에는 와인과 맥주를 특별 할인하고 있습니다.

This special offer is valid until the end of the month.

이번 특별 할인은 이달 말까지 유효합니다.

With this coupon, your total comes to $30.

이 쿠폰으로 할인 받으면 총 30달러입니다.

We can offer you a one-year warranty extension.

보증기간 1년 연장해 드려요.

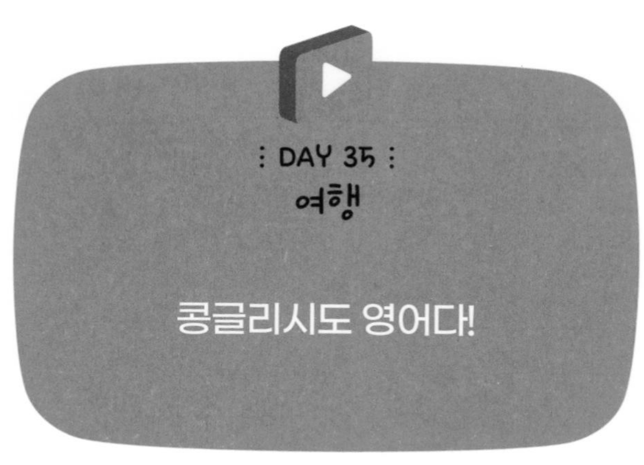

: DAY 35 :

여행

콩글리시도 영어다!

대학 졸업 후, 미국에 놀러 갔을 때의 에피소드입니다. 당시 저는 미국을 처음 가봤는데요, 저에겐 미국에 대한 근거 없는 믿음이 있었어요. 미국에선 최대한 미국식 발음으로 말해야 한다는 것이었죠. 음식점에 들어가서 음식을 주문하게 된 저는, 미쿡 느낌을 한껏 살려 햄버거를 주문했습니다.

I will go with one combo of cheeseburger with bacon and a milkshake, please.
(최대한 혀를 굴리며) 베이컨 치즈버거 세트 하나랑 밀크셰이크로 하겠습니다.

Could you say that again?
다시 말씀해 주시겠어요?

Umm... one bacon cheeseburger combo and....
(더 굴리며) 음... 베이컨 치즈버거 세트 하나랑요....

영어 실력이 괜찮은 편이라고 생각했는데, 미국인 점원이 제 말을 알아듣지 못하는 거예요. 당황한 저의 입에선 영국 발음도 아닌 소위 '콩글리시' 발음이 튀어나왔습니다. 놀랍게도 그제야 점원이 제 말을 알아듣더라고요. 미국식 발음을 흉내 낸 것보다 정직한 콩글리시 발음이 더 전달력 있었던 거죠.

One bacon cheeseburger combo and a milkshake. Table number 2.
베이컨 치즈버거 세트 하나랑 밀크셰이크요. 테이블 번호 2번입니다.

Will you pay by cash or card?
현금과 신용카드 중 무엇으로 결제하시겠어요?

By card, please.
카드로 하겠습니다.

영어 발음이 안 좋으면 외국에서 차별받나요?

우선 답변은 '아니다' 입니다. 영국에서 대학교를 같이 다니던 다국적 친구들에게 '발음 때문에 영국에서 차별당한 경험이 있는지' 물어본 적이 있어요. 그들의 대답은 모두 'No'였습니다. 오히려 타국에서 온 친구들을 더 배려해 주고 친절하게 대해 줬다는 답이 대부분이었습니다. 억양이 너무 센 경우 알아듣기 어려워서 소통에 약간 문제가 있었을 뿐 발음으로 인해 차별을 받은 경우는 없다고요. 그러니 해외에 나가서 영어 발음 때문에 걱정할 필요 전혀 없어요. 자신만의 자연스러운 발음으로 자신 있게 영어를 말해 보세요.

영어를 배우려고 하는데 미국식과 영국식 발음 중 무엇을 택해야 할지 고민돼요.

답은 '자신에게 가장 쉽고 익숙한 발음을 택하라'입니다. 단순히 '영국식 발음이 멋있어서' 영국식 발음을 배우는 학습자들을 많이 보는데요, 후천적 노력으로 영국식 발음을 연습한다고 해서 우리가 생각하는 원어민 같은 멋진 발음을 완성하기는 정말 어렵습니다. 외국인이 조선 시대 양반들의 말투를 따라 한다고 상상해 보세요. 어색하게 들릴 뿐 아니라 의사소통에 방해가 될 가능성이 높겠죠. 결론적으로, 특정 국가의 발음을 익히려는 노력보다는 나에게 가장 자연스러운 영어 발음을 쓰는 것이 중요합니다.

영어 회화를 독학으로도 마스터할 수 있을까요?

영어교육학적 관점에서 답을 드리자면, 영어 회화를 독학으로 마스터하는 건 '불가능'하다고 생각해요. 회화는 사람과 사람 간의 상호 의사소통이기 때문에 독학으로는 한계가 있어요. 독학으로는 기초 단어나 회화 표현들을 학습하는 정도로 하고, 회화 수업이나 영어 스터디그룹에 참여해서 다른 사람들과 연습해야 실력이 확실히 늘 거예요.

영어 회화는 무조건 원어민 선생님과 공부해야 하나요?

중급자 수준까지는 영어를 잘 가르치는, 한국어와 영어가 둘 다 가능한 선생님을 추천해요. 원어민 선생님은 추상적이고 복잡한 문법 개념을 잘 설명하지 못하는 경우가 많아요. 선생님이 잘 설명한다고 하더라도 영어로 문법 개념 설명을 알아듣는 건 굉장히 어렵죠. 문법은 한국어 설명을 들어도 헷갈리는 경우가 많잖아요. 기초 문법과 기초 표현들을 제대로 익힐 때까지는 한국어와 영어를 둘 다 잘하는 선생님이 좋을 것 같아요.

영어 공부 계획에 대해서 말하기

I plan to take a year off to go study abroad in the US.
1년 휴학하고 미국에서 공부할 계획이야.

I will study English for at least an hour every day.
적어도 하루에 한 시간씩은 영어 공부할 거야.

I am going to memorize some vocabulary to improve my English ability.
영어 능력 향상을 위해서 어휘를 암기할 거야.

Once a week, I will meet foreigners to practice my English.
일주일에 한 번 영어 연습하기 위해서 외국인들 만날 거야.

I must study English hard to score high on the IELTS test.
아이엘츠에서 높은 점수 받으려면 영어 공부 열심히 해야 해.

I'm going to take an intermediate level English course.
중급 영어 수업 들을 거야.

I am going to take English classes taught in English to improve my English ability.
영어 능력 향상을 위해서 영어로 진행되는 영어 수업을 들을 거야.

영어 공부에 대해서 말하기

I enjoy studying English by myself. 혼자 영어 공부하는 걸 즐겨.

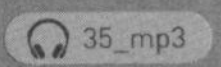

When I speak English, I am afraid to make mistakes.

난 영어로 말할 때, 실수하는 게 두려워.

I keep an English diary to improve my writing skills.

작문 실력을 향상시키기 위해서 영어로 일기를 써.

I'm sick and tired of studying English.

영어 공부하는 거 지겨워.

I spent so much time studying English in my school days, but I'm still not confident about my English ability.

학창 시절에 영어 공부에 많은 시간을 썼는데, 난 여전히 내 영어 실력에 자신이 없어.

It's difficult for me to study English because I am losing my motivation.

동기부여를 잃고 있어서 영어 공부를 하는 게 힘들어.

I think grammar is the most difficult part of studying English.

영어 공부에서 문법이 가장 어려운 것 같아.

I get stressed about studying English because I don't feel my English is getting better.

영어가 늘고 있는 것 같지 않아서 영어 공부하는데 스트레스 받아.

요즘 영어

부록
- 예문 mp3 다운로드
- 오디오클립 QR코드

하선호, 모모콘 지음
272쪽 | 14,000원

미국 1020이 지금 이 순간 거리에서, SNS에서 쓰는 '진짜 영어'를 배운다!

난이도 첫걸음 | 초급 중급 | 고급

기간 70일

대상 재미있게 영어를 공부하고 싶은 학습자
최신 영어 표현을 배우고 싶은 학습자

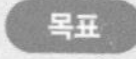
목표 지금 미국에서 진짜 쓰는 생생한
영어 표현을 '챈트 학습법'으로 익힌다!

30장면으로 끝내는

스크린 영어회화 - 겨울왕국2

부록
· 전체 대본
· 훈련용 워크북
· mp3 CD

라이언 강 해설 | 312면
18,000원

국내 유일! 〈겨울왕국2〉 전체 대본 수록!

다시 찾아온 '겨울왕국' 열풍!
〈겨울왕국2〉의 30장면만 익히면 영화 주인공처럼 말할 수 있다!

난이도 | 첫걸음 | 초급 중급 | 고급

기간 | 30일

대상 | 영화 대본으로 재미있게 영어를 배우고 싶은 독자

목표 | 30일 안에 영화 주인공처럼 말하기